80 Ausflüge mit Bruno Fink

Wandern in VORARLBERG

Eugen-Ruß-Verlag

Impressum:

ISBN 3-85258-041-2

Umschlagbild: Blick auf den Rätikon, Vorarlberg Tourismus, Andreas Gassner

Grafische Gestaltung: Rudolf Zündel
Wanderkarten: „VN"-Infografik

Printed in Austria

Herausgeber: Eugen-Ruß-Verlag, Schwarzach

Druck: RUSS Druck, Lochau

Familienwandern in der freien Natur – ein Erlebnis für alt und jung.

Wandern durch die Vorarlberger Vielfalt

82 Prozent der Vorarlberger binden ihre Liebe zur Heimat an die wunderschöne Landschaft. Kein Wunder, daß sie diese Landschaft auch eifrig erwandern.
Unseren Gästen geht es nicht anders: 70 Prozent der Sommergäste nennen als ihre Lieblingsbeschäftigung während des Ländleurlaubs Spazierengehen und Wandern.
Keine Freizeitbeschäftigung kennt so viele Varianten wie Wandern, kaum eine Erholungsregion in den Alpen solch große Vielfalt auf kleinstem Raum wie Vorarlberg: Spazieren am Bodensee, Panoramawandern an den Lehnen der Hügel, Anstiege auf Berge hoch über den Tälern, Touren mit Bergschuhen und Rucksack zu Gipfeln und Hütten, Seen und Alpen: immer in der Stille intakter Natur und doch nicht weit von der nächsten Siedlung.
Wandern wurde in den letzten Jahren auch mit dem Vor-Wort „Erlebnis" versehen. Die Vorarlberger Variante des Erlebniswanderns finden Sie in diesen 80 Ausflügen mit Bruno Fink entlang besonderer Naturschätze, mitten durch versteckte Vorarlberger Landschaf-

ten, hin zu Plätzen und Orten mit besonderer Schönheit. Erlebniswanderungen öffnen die Sinne für das, was am Weg liegt. Sie bereichern Gemüt und Kopf und führen zu einem tieferen Verständnis der Region, des Landes, seiner Natur und Geschichte.
Damit die Wege und Ziele leichter zu finden sind, arbeiten die Vorarlberger Landesregierung, die touristischen Regionen und Gemeinden derzeit an der Realisierung des „Vorarlberger Wanderwegekonzeptes". Wanderwege werden saniert, überörtlich oder überregional zusammengeschlossen und einheitlich markiert. Bevorzugt erstrecken sie sich in mittleren und niedrigen Lagen, werden als Rundwanderwege ausgebaut, sind mit öffentlichen Verkehrsmitteln erreichbar. In Ergänzung zu den vorwiegend von alpinen Vereinen gepflegten Höhenwanderwegen sollen die mittelalpinen Wanderwege neue, bequem begehbare Netze für jedermann, auch für Familien mit Kindern und ältere Wanderer, werden.
„VN"-Wanderer Bruno Fink, der in der warmen Jahreszeit jede Woche einen anderen Wanderweg populär macht, hat 80 seiner Wandervorschläge im vorliegenden Führer zusammengefaßt. Diese umfangreiche Auswahl bietet mehr als einen vielfältigen Querschnitt durch die Vorarlberger Wanderlandschaften. Sie vereinen eine kaum zu übertreffende Quantität mit der Qualität von Recherchen und Tips eines erfahrenen Wanderers.

Viel Freude mit „Wandern in Vorarlberg" wünschen Ihnen die „Vorarlberger Nachrichten" und der Eugen-Ruß-Verlag.

Wanderwege-Konzept Vorarlberg

Die Vorarlberger Landesregierung hat in ihrer Sitzung vom 25. Juli 1995 das „Wanderwege-Konzept Vorarlberg“ beschlossen. Es ist das erste Landeskonzept dieser Art in Österreich. Zu dieser Initiative hat sich die Landesregierung aus mehrfachen Gründen veranlaßt gesehen. Die wichtigsten sind:

Spazieren und Wandern sind für die heimische Bevölkerung die mit Abstand beliebteste Freizeitbetätigung außer Haus. Zudem steigt der Stellenwert des Wanderns mit zunehmendem Gesundheitsbewußtsein.

Bei anhaltender Naturentfremdung, Beschleunigung und Verlärmung des Alltagslebens überrascht es nicht, daß das Wandern wieder neu entdeckt wird. In der gesundheitlichen Bedeutung wird neben der körperlichen Fitneß die gleichzeitig wirksame Erholung und Belegung für Seele und Geist geschätzt. Nach Umfragen von 1985 und 1992 gehören Wandern und Bergsteigen in Österreich zu den Sportarten mit am stärksten steigender Nachfrage.

Neues Vorarlberger Wanderwegekonzept – klar und übersichtlich.

Spazier- und Wanderwege sind in der warmen Jahreszeit bei den Gästen ebenfalls mehr gefragt als andere Sport- und Freizeiteinrichtungen. Das erwanderte Landschaftserlebnis ist das Hauptmotiv für die Wahl Vorarlbergs als Urlaubsland.

Der Gast soll auch finden können, was er von einem „wanderbaren Vorarlberg" erwartet. Daher das Ziel im Vorarlberger Tourismuskonzept von 1992: „Das Spazier- und Wanderwegenetz soll zu einer herausragenden ganzjährigen Angebotsstärke der Freizeit-Infrastruktur entwickelt werden". Die Schwäche der Sommersaison ist ein Grund mehr, dieses Ziel ernst zu nehmen.

Die Wegweisung soll über die Gemeindegrenzen hinweg durchgehend mit einheitlicher Betafelung versehen werden.

Das heißt fürs erste: Die Wegweisung soll so verläßlich sein, daß jedes an einem Ausgangspunkt genannte Ziel auch ohne Wanderkarte problemlos erreichbar ist. Dazu bedarf es landesweit einheitlicher Standards für die Wegweisertafeln. Zudem kommt es auch bei der Betafelung auf das „rechte Maß" zwischen Zuwenig und Zuviel an.

 Eine typische Vorarlberger Wanderlandschaft im Großen Walsertal.

Wegweiser und Wegweistafeln

Wegweiser sind immer am Beginn und Ende jeder Route, bei Zwischenzielen und den Verknüpfungspunkten mit anderen Wanderwegen anzubringen. Die Wegweiser sollen aus den Blickrichtungen der Wanderer gut erkennbar sein, ohne im Landschaftsbild störend aufzufallen. Sie werden in Wegnähe so angebracht, daß sie den Verkehr nicht behindern und von Bewuchs leicht freigehalten werden können.

Wegweiser werden an Metallstehern, allenfalls auch an Gebäuden, aber grundsätzlich nicht an Bäumen befestigt. Dabei sollten auch Möglichkeiten für die Kombination mit anderen Wegweisungen (z. B. vorhandene Steher für Radwegetafeln oder für Schilder mit Straßennamen) genutzt werden. Die Wegweiser sind so zu fundieren, daß sie nicht verdreht werden können. Die Wegweisertafeln werden nach einheitlichen Größen- und Beschriftungsvorgaben aus natureloxiertem Aluminium mit in Gehrichtung markierten Pfeilspitzen hergestellt.

Jeder Wegweiser nennt im allgemeinen nur Ziele, die mit derselben Schreibung auch in der Österreichischen Karte 1:50.000 enthalten sind. Andere Zielangaben (Sehenswürdigkeiten, Aussichtspunkte, Bahn- und Bushaltestellen, Seilbahnstationen u. dgl.) sollten sich eher auf Nahbereiche beschränken.

Jedes einmal angeführte Wanderziel ist auf den folgenden Wegweisern konsequent zu wiederholen, bis das Ziel erreicht ist.

Wenn nach einem Routenziel ein Ziel einer abzweigenden Route angegeben ist, wird dies auf der Tafel durch eine Routentrennungslinie ersichtlich gemacht.

Gehzeiten werden an allen Ausgangspunkten und Zwischenzielen, dazwischen bei Bedarf auch an bedeutsamen Wegteilungen angegeben. Bei anderen Wegweisern sind in der Regel keine Zeitangaben erforderlich.

Wegnamen und sonstige Zusatzangaben sollten schon aus Platzgründen auf ein Minimum beschränkt werden. In Betracht kommen am ehesten historisch bedeutsame oder aus anderen Gründen gebräuchliche Namen zur Vermeidung von Verwechslungen.

Eine Standort- und Höhenangabe ist in der Regel an jedem Wegweiserstandort, aber jeweils nur an der am besten einsehbaren Tafel in roter Farbe aufgedruckt.

Wegmarkierungen

Die Wegmarkierungen dienen der zuverlässigen Wegweisung und zugleich der leichten Unterscheidung der wichtigsten Wegkategorien nach ihrer Begehbarkeit (Anforderungen an Kondition und Ausrüstung, Risiken).

Die Markierungsfarben unterscheiden dreierlei Wegkategorien:

gelb-weiß – Spazier- und Wanderweg, leicht begehbar

weiß-**rot**-weiß – Bergwanderweg, für den Schuhe mit griffiger Sohle zu empfehlen sind

weiß-**blau**-weiß – Alpinwanderweg, exponierter Steig für Geübte

Die Markierungsfarben sind immer an den Pfeilspitzen der Wegweisertafeln angebracht. Die Zwischenmarkierungen werden als Rechtecke auf Steine, Bäume oder Holzpfosten aufgemalt oder mit wetterfesten Folien an Metallrohren, Beleuchtungsmasten u. dgl. angebracht.

gelb-weiß – Spazier- und Wanderweg, leicht begehbar

Spazier- und Wanderwege verlaufen möglichst abseits von Straßen und haben idealerweise keinen Hartbelag. Wegabschnitte mit Rutsch- oder Absturzgefahr sind durch geeignete Maßnahmen wie Stufen oder Geländer gesichert.

Anforderungen
Wanderwege können Sie ohne besondere Kenntnisse begehen.

Ausrüstung
Mit festem Schuhwerk und einer der Witterung angepaßten Kleidung sind Sie ausreichend ausgerüstet. Bei längeren Wanderungen sollten Sie ausreichend Verpflegung und Getränke mitnehmen.

Gefahren
Wanderwege können Sie in der Regel gefahrlos begehen. Bei Nässe, Schnee und Eis sollten Sie auf Rutschgefahr achten.

Aluminiumfarbene Wegweiser informieren über Standort, Wanderziele und Marschzeiten (Pausen nicht eingerechnet).

Wegmarkierungen
Gelb-weiße Richtungspfeile geben Klarheit über den einzuschlagenden Weg.

Gelb-weiße Rechtecke bestätigen den Verlauf des Wanderweges.

Orientierungstafeln informieren über das Wanderwegnetz der Region.

weiß-rot-weiß – Bergwanderweg, Schuhe mit griffiger Sohle zu empfehlen

Bergwanderwege sind eher schmal und manchmal steil angelegt und können exponiert sein.

Anforderungen
Eine gute körperliche Verfassung und Vorbereitung werden für eine Bergwanderung vorausgesetzt. Die Verhältnisse und Gefahren im Gebirge müssen Sie richtig einschätzen können. Grundsätzlich ist Trittsicherheit erforderlich. Steine sollten Sie nicht loslösen, sie gefährden sonst andere Erholungssuchende und Tiere.

Ausrüstung
Feste Bergschuhe mit griffiger Sohle, Kälte-, Sonnen-, Wind- und Regenschutz gehören zur Grundausrüstung. Weiter sollten Sie eine Taschenapotheke, topographische Karten und genügend Getränke und Nahrungsmittel im Rucksack mitnehmen. Für Abstiege sind Teleskopstöcke empfehlenswert.

Gefahren
Im Gebirge können Wetterverschlechterungen und Gewitter mit Kälte, Wind, Regen, Schnee, Eis, Nebel oder Blitzschlag rasch zu ungünstigen Bedingungen und Wegverhältnissen führen. Auf steilen und nassen grasbewachsenen Hängen sowie Schneefeldern müssen Sie mit erhöhter Rutsch- und Absturzgefahr rechnen. Mit Steinschlag müssen Sie grundsätzlich rechnen.

Wegmarkierungen
Aluminiumfarbene Wegweiser informieren über Standort, Wanderziele und Marschzeiten (Pausen nicht eingerechnet). Die weiß-rot-weiße Spitze bedeutet Bergwanderweg.

Weiß-rot-weiße Richtungspfeile geben Klarheit über den einzuschlagenden Weg.

Weiß-rot-weiße Farbmarken bestätigen den Verlauf des Bergwanderweges.

Spezialtafeln fordern zu einem bestimmten Verhalten auf.

weiß-blau-weiß – Alpinwanderweg, exponierter Steig für Geübte

Alpine Routen führen im Gebirge teilweise durch wegloses Gelände, über Schneefelder und Gletscher oder durch Fels mit kurzen Kletterstellen. Bauliche Vorkehrungen beschränken sich auf Sicherungen von besonders exponierten Stellen mit Absturzgefahr.

Anforderungen
Auf alpinen Routen werden eine sehr gute körperliche Verfassung, Bergerfahrung, Schwindelfreiheit und Trittsicherheit vorausgesetzt. Bei mangelnder eigener Erfahrung nur in Begleitung von gebirgserfahrenen Personen oder einem Bergführer begehen.

Ausrüstung
Zusätzlich zur Ausrüstung auf Bergwanderungen sind Höhenmesser und Kompaß, für Gletscherüberquerungen unbedingt Seil und Pickel mitzunehmen.

Gefahren
Die Begehung von alpinen Routen und insbesondere die Traversierung von steilen Geröllhalden und Steinschlagrunsen, Schneefeldern und Gletschern sind mit erhöhtem Risiko verbunden. Zusätzlich müssen Sie die erhöhte Lawinengefahr im Frühling und Frühsommer sowie rasche Wetterumstürze mit Kälte und Schneefall beachten.

Wegmarkierungen
Aluminiumfarbene Wegweiser informieren über Standort, Wanderziele und Marschzeiten (Pausen nicht eingerechnet). Die weiß-blau-weiße Pfeilspitze zeigt, daß es sich um eine alpine Route handelt und geben Klarheit über den einzuschlagenden Weg.

Weiß-blau-weiße Farbstriche bestätigen den Verlauf der alpinen Route.

Legende zu den Wandertips

(grau, breit)	Hauptstraße	♁	Kirche
(grau, schmal)	Nebenstraße	●	Kapelle
(gestrichelt)	Eisenbahn	✷	Aussichtspunkt
(rot, durchgezogen)	Wanderweg	P	Parkplatz
(rot, punktiert)	Wanderweg nur für Geübte	H	Bushaltestelle

Wichtige Regeln fürs Wandern

- Bereiten Sie jede Wanderung gut vor, versorgen Sie sich mit Führer und Kartenmaterial, stimmen Sie die Wahl der Route auf die Leistungsfähigkeit des Schwächsten in Ihrer Gruppe ab.

- Weichen Sie nicht vom Weg ab; lieber einmal bis zur nächsten Markierung zurücklaufen als in unbekanntes oder wegloses Gelände gehen.

- Tragen Sie auch bei leichteren Wanderungen feste Schuhe, nehmen Sie Sonnenschutz (Mütze), Regenschutz und Sonnencreme mit.

- Die Jause sollte nahrhaft, aber nicht schwer sein; Traubenzucker und Obst sollten nicht fehlen. Genügend zum Trinken mitnehmen!

- Sagen Sie daheim oder Bekannten stets bescheid, welche Route Sie wandern und wann Sie ungefähr wieder daheim sein werden.

- Verhalten Sie sich bitte beim Wandern so, als gingen Sie durch den eigenen Garten, schonen Sie die Pflanzen, gönnen Sie anderen Wanderern und den Tieren in der Natur Stille. Schließen Sie Viehgatter stets hinter sich und achten Sie bitte fremdes Grundeigentum.

- Bevor Sie sich ins eigene Auto setzen, prüfen Sie, ob Sie Ihren Wanderweg nicht mit öffentlichen Verkehrsmitteln erreichen – Sie helfen bei der Erhaltung unserer Umweltqualität mit!

Die 80 Wandertips im Überblick

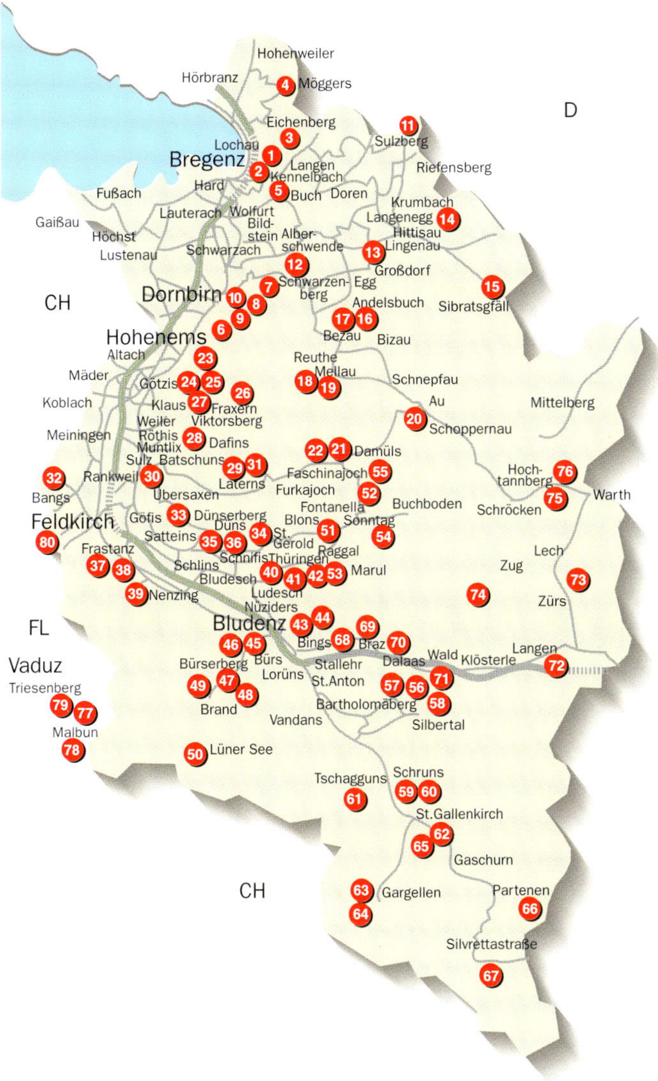

Inhaltsverzeichnis

1. Pfänderrundwanderung von Bregenz über die Fluh

Die Wanderung führt uns vom Bahnhof Bregenz (Busbahnhof) durch die Kaiserstraße, Maurachgasse hinauf in die Oberstadt zum Landes-Hauptschießstand Berg Isel, ca. 20 Minuten.

 Blick nach Lindau von der Halbstation.

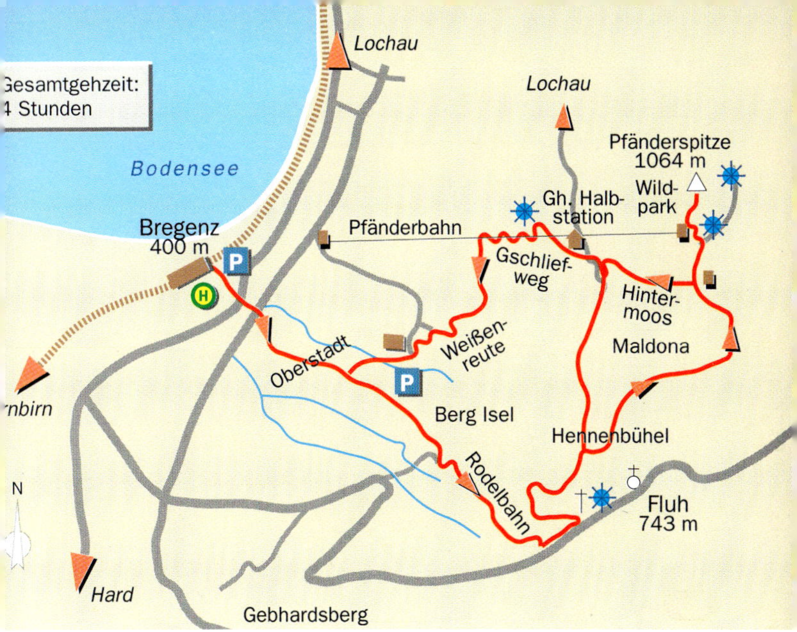

Dort geht es rechts vorbei den Hohlweg ansteigend, kurz entlang einer asphaltierten Forststraße, beim nächsten Wegweiser rechts über die Rodelbahn Richtung Fluh. Auf der Fahrstraße ca. 150 m links hinüber zum Wegkreuz, hier zweigt man ab, geht westlich bergwärts beim Walserstadl durch den Hochwald, an der Pfänderdohle und Bergstation vorbei zur Pfänderspitze. Bisherige Gehzeit 2 1/2 Std. Der Abstieg erfolgt auf demselben Weg zurück bis an die Abzweigung Pfänderdohle, dort rechts über Hintermoos zum Gasthof Halbstation. Auf dem Gschliefweg geht man links anfangs etwas steil talwärts nach Weißenreute, oberhalb dem einzelnen Bauernhaus westlich hinüber zum Schießstand (Parkplatz) weiter durch die Oberstadt hinunter an den Ausgangspunkt Bahnhof Bregenz.

Die Wanderung kann in einer Richtung mit der Pfänderbahn unternommen werden. Sehenswert am Pfänder ist der Alpenwildpark, eine tägliche Greifvogelschau, die herrliche Rundsicht von 240 Berggipfeln und der Blick auf den Bodensee.

Einkehrmöglichkeiten:
Fluh, am Pfänder, Halbstation, Bregenz.

2. Die schönste Rundwanderung am Känzele

Unsere Wanderung beginnt in Bregenz bei der Landesbibliothek (Gallusstift) etwa 200 Meter oberhalb der Franz-Ritter-Kreuzung Richtung Gebhardsberg.

Auf dem Fußweg beim Wegweiser gegenüber dem Parkplatz kurz abwärts, vorbei am Rebberg, dann links entlang der Langener Straße bis Höhe Pfändertunnel, etwa 10 Minuten. Am fallenden Bach links hinauf, an der Verbotstafel und dem Haus Nr. 1 zum Anwesen Kustersberg, das früher im Besitz des Klosters St. Gallus war. Vor dem ehemaligen Wirtschaftsgebäude geht es leicht ansteigend in einen Mischwald, an großen Steinblöcken und überhängenden Felsen vorbei, bis nach ca. 1 Stunde Gehzeit der oberste Waldrand erreicht wird.

 Gebhardsberg.

Eine besondere Anerkennung an den Skiclub Kennelbach für die vorbildliche Betreuung des ausschließlich am Südhang verlaufenden Unteren Känzeleweges, der landschaftlich und geologisch sehr interessant ist.

Nun gehen wir am oberen Wiesenrand scharf links nach Westen immer am Gratrücken parallel zu dem in der Mulde verlaufenden Güterweg. Nach zehn Minuten trifft man in den in umgekehrter Richtung betafelten Naturlehrpfad der Stadt Bregenz und erreicht bald das Känzele mit herrlichem Tiefblick. Nach einer Rast geht es weiter über den Känzeleweg hinunter auf den Gebhardsberg. Durch den Gastgarten und das untere Burgtor kommt man an einen der schönsten Aussichtspunkte mit Blick in das Rheintal und den Bodensee. Abschließend führt unsere Wanderung, einem sehr interessanten Waldlehrpfad folgend, talwärts, die Fluher Straße querend links hinüber zum Gallusstift.

Einkehrmöglichkeit:
am Gebhardsberg.

3. Bregenz – Pfänder – Eichenberg – Bregenz

Die Auffahrt erfolgt mit der Pfänderbahn. Ab der Bergstation sind zwei Varianten möglich. Entweder links hinauf zur Pfänderspitze (1064 m), beim Gasthaus Schwedenschanze leicht abwärts zum Parkplatz, oder rechts der Fahrstraße entlang über den Parkplatz an die Wegkreuzung Moosegg.

Da der Fußweg über den Pfänderrücken wegen eines Drahtzaunes schlecht passierbar ist, geht man auf der Fahrstraße weiter, bis im nahegelegenen Wald ein Weg links abzweigt (Tafel Hochberg–Eichenberg), den Höhenweg nordwärts bis zum großen Feldkreuz und einem Gedenkstein der ehemaligen Bischofskapelle. Bei der Wegkreuzung westlich, kurz über die Wiese und einem Güterweg folgend hinunter nach Eichenberg. Bisherige Gehzeit ca. 1 1/2 Stunden.

Wir setzen unsere Wanderung auf der Fahrstraße Richtung Lochau fort. Ca. 100 Meter unterhalb der Ortstafel links an dem einzelnen Stadel (Tafel) vorbei bis zur Abzweigung (Hof–Haggen).

 Blick vom Pfänder zum Bodensee.

Am Ende des leicht ansteigenden Hohlweges beim Durchgang (Tafel), rechts über die Wiese zum Buchenwald, hinunter auf die Fahrstraße, und von dort links weiter zur Parzelle Hof. Nach dem Gatter hinter dem Bauernhaus (Tafel Langenfluh–Haggen), rechts abwärts zu dem einzelnen Haus (zwei Ruhebänke), von dort links nach Langenfluh, am Haus Kellen Nr. 1 vorbei, erreicht man die Pfänderstraße. Auf dieser ca. 150 Meter links weiter bis an das obere Ende der Leitschiene. Dann rechts hinunter zum Gasthaus Seibl, Oberhaggen Nr. 1, nochmals links am Fischteich vorbei und bei der nächsten Abzweigung nach Altreute. An der Kapelle (Tafel nach Bregenz) führt ein Wanderweg Richtung Altreute und weiter zur Pfänderbahn-Talstation.

Parkmöglichkeiten auf dem Parkplatz der Pfänderbahn-Talstation.

Einkehrmöglichkeiten:
am Pfänder, in Eichenberg, Gasthaus Seibl in Oberhaggen und Bregenz.

4. Rundwanderung in Möggers

Das Bergdorf Möggers liegt nördlich vom Pfänderstock an der Staatsgrenze Österreich–Deutschland. Anfahrt mit Bus von Bregenz nach Möggers-Weienried oder Kurlismühle.

Von der Bushaltestelle Weienried wandert man zunächst südlich entlang der Fahrstraße Richtung Eichenberg. Nach ca. 300 m gehen wir dann links abwärts und verlassen bei der Bushaltestelle Kurlismühle die Fahrstraße. An der Beschilderung „Riedstüble–Tannenhof“ vorbei führt ein Güterweg dem Riedbach entlang eben hinein, und vor dem Tannenhof links hinauf ins Dorf Möggers. Gehzeit: 1 Stunde.

Vor der Kirche folgt man dem Wegweiser zur Ulrichskapelle, die in 15 Minuten erreicht wird. Dort weiter auf einem Fußweg abwärts nach Oberstein im Allgäu. Unser Weg verläuft rechts durch das kleine Örtchen dem Hang entlang, mit herrlicher Aussicht zum Hochgrat und Rindalphorn hinüber nach Bromatsreute. Nun folgen wir der Markierung „Pfänder“, gehen 5 Minuten nach dem Ferien-

 Kirche in Möggers.

heim Bromatsreute auf dem Fußweg rechts, anfangs etwas steil bergwärts bis an den oberen Waldrand. Einem Wiesenweg (Tfl. Pfänder) nach links folgend erreichen wir bei einer Bank an der Wegkreuzung diverse Hinweistafeln. Unser Weg zweigt etwa 20 Meter vor der Weggabelung rechts ab, führt leicht ansteigend zum Hochberg, dem höchsten Punkt dieser Wanderung. Der Abstieg von der Hochbergalpe (Tfl. Lutzenreute) über Schüssellehen (einzelner Bauernhof) bis Lehen bietet einen großartigen Ausblick zum Bodensee. In Lehen, oberhalb Lutzenreute, geht es rechts talaus ins Ried und von dort dem Riedbach entlang zum Ausgangspunkt Weienried. Eine verkürzte Variante zweigt beim ersten Haus in Möggers-Dorf rechts ab auf den Höhenweg über den Daxenberg Richtung Pfänder und trifft bei der großen Wiese (Trögerhöhe) mit dem Weg von Bromatsreute zusammen. Paß oder Personalausweis mitnehmen.

Einkehrmöglichkeiten:
in Trögen (Trögerstüble, 5 Minuten von der Abzweigung), Riedstüble, Weienried.

5. Wolfurt Buch
Schneiderspitze – Bereuter – Wolfurt

Von der Bushaltestelle am Kirchplatz in Wolfurt führt der Weg ca. 100 m entlang der Kirchstraße, dann über die Schloßgasse hinauf, unterhalb dem Schloß Wolfurt links zum AV-Heim Alte Schmiede (Parkmöglichkeit). Vor dem Parkplatz geht man am Höhenweg Oberfeld zur Weggabelung, rechts weiter auf der Alten Bucher

 Schloß Wolfurt.

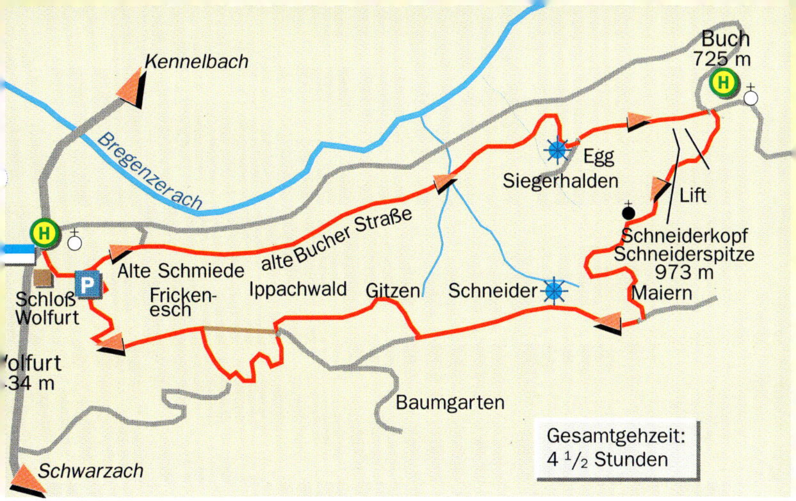

Straße bis ans obere Ende des Ippachwaldes. Wir wandern links (bei der Tafel nicht den steilen Anstieg zur Schneiderspitze hinauf, sondern in Richtung Buch, nach dem Tobel rechts – beim Bauernhaus leicht ansteigend nach Egg. Auf einer wenig befahrenen Straße links hinüber erreicht man das Bergdorf Buch (2 bis 2 1/2 Stunden). Beim Schulhaus geht es aufwärts vorbei an der Bergstation des Übungsliftes, weiter am Güterweg zum großen Schlepplift. Nach Überquerung der Lifttrasse erfolgt ein kurzer steiler Anstieg zur Liftbergstation am Hang entlang zum Bergkreuz. An der Holzhütte linksseitig ca. 50 Meter bei der Tafel gelangen wir durch den Jungwald hinauf zur Schneiderspitze.

Beim Hochspannungsmasten abwärts zu dem Bauernhaus Maiern Nr. 43 und an den folgenden zwei Abzweigungen jeweils rechts erreicht man die Parzelle Schneider (einen der schönsten Aussichtspunkte dieser Rundwanderung). In der Parzelle Gitzen beim Haus Nr. 22 verlassen wir die Fahrstraße nach rechts (Tafel) zum Dreiländerblick (Parzelle Bereuter). Ab dem Dreiländerblick gibt es zwei Varianten zum Abstieg: entweder über Wiesenwege talwärts, oder entlang der Fahrstraße, beim alleinstehenden Haus am Waldrand (Kupferkessel) rechts zu dem alten Stadel hinüber. Hier treffen sich die zwei Wege wieder. Vom Stadel geht es links über die Wiese zum Wald, von dort wandern wir hinunter nach Frickenesch, bei der Tafel biegen wir rechts ab und vor dem zweiten Haus links geht es abwärts zur Alten Schmiede (Parkplatz) bzw. Bushaltestelle am Kirchplatz.

6. Von Dornbirn über den Karren und die Alpe Schuttannen ins Ebnit

Wir beginnen unsere Wanderung nach erfolgter Auffahrt mit der Karrenseilbahn in Dornbirn an der Bergstation, einem der wohl schönsten Aussichtspunkte im ganzen Bodenseeraum.
Der Weg führt hinüber zum Kühberg, dann leicht steigend an der Westseite des Staufens vorbei auf Alpwegen und einem gesicherten Steig durch den Wald zur Schuttannenalpe (Einkehrmöglichkeit).

Vom Schuttannensattel geht es auf einem Güterweg etwas abwärts in südöstliche Richtung über den Spätenbach. Bald verlassen wir den Weg und gehen bei der Wegtafel rechts auf einem gesicherten Steig um die Felsabhänge des Bocksberges hinüber zum Hohen Gang. Auf diesem ansteigend bis Hackwald und von dort ins Bergdorf Ebnit hinunter.

Für alpinerfahrene und trittsichere Wanderer bietet sich eine lohnende Überschreitung des Bocksberges an.
Von Schuttannen hinauf zur Abzweigung Fluhereck–Bocksberg, dann links an der Schranke vorbei bis zur Wegtafel und rechts durch den Wald hinauf zum Bocksberg. Großartige Rundsicht!

Der Abstieg erfolgt über die Bocksbergalpe hinunter auf den Wanderweg von Schuttannen und rechts weiter nach Ebnit. Die gesamte Gehzeit von Schuttannen bis Ebnit beträgt ca. 2 Stunden.

 Bergdorf Ebnit, im Hintergrund Breiter Schrofen.

Variante: Von Schuttannen entlang einer Forststraße bergwärts Richtung Hinterbergalpe–Fluhereck. Bei der dritten Abzweigung links am Schranken vorbei über den Forstweg hinunter nach Ebnit. Gehzeit von Schuttannen über Springhalden nach Ebnit 1 1/2 Std.

Für Wanderfreunde haben der Verkehrsverein und die Betriebsleitung der Karrenseilbahn ein besonderes Angebot! Darin ist enthalten: Fahrt mit der Seilbahn auf den Karren, Brettljause (z'Marend) in einem Ebniter Gasthaus, Fahrt mit dem Bundesbus von Ebnit nach Dornbirn.

Das „z'Marend"-Kärtle ist bei der Karrenseilbahn und im Verkehrsverein erhältlich. (Die Tour kann natürlich auch in umgekehrter Richtung unternommen werden.)

Vom idyllisch gelegenen Bergdörfchen Ebnit bringt Sie der Wanderbus wieder mühelos nach Dornbirn zurück.

7. Familienwanderung Bödele – Hochälpele – Lank und wieder zurück zum Bödele

Der Ausgangspunkt für diese Wanderung ist aufgrund idealer Busverbindungen von Dornbirn und Schwarzenberg (Bregenzerwald) bequem erreichbar. Zudem sind genügend Parkplätze vorhanden, wenn Sie mit dem Pkw anreisen müssen.

Am Parkplatzende Richtung Schwarzenberg, beim großen Gatter (Drehkreuz) und den Wegtafeln, beginnt der markierte Weißenfluhweg. Ab der folgenden Weggabelung geht man links durch den Wald, vorbei an den großen Hinweistafeln Lustenauer und Bregenzer Hütte bis zur Hochälpele-Alpe.
Hier gehen wir rechts von den Alphütten (Wegtafeln) dem Hochälpeleweg folgend zur Hochälpele-AV-Hütte, die ganzjährig bewirtschaftet ist (bisherige Gehzeit beträgt 1 1/2 Stunden).

Prachtvolle Rundsicht
Der Hochälpele-Kopf bietet eine prachtvolle Rundsicht auf die Allgäuer, Vorarlberger und Schweizer Berge. Außerdem kann man die

 Hochälpele-Alpe

zur Zeit in großer Zahl am Südhang blühenden Wetterdisteln bewundern.

Der Abstieg erfolgt nordwestlich auf einem bewaldeten Höhenrücken hinüber zum Lankkreuz (Blick zum Bodensee und Pfänder).

Wir gehen beim Kreuz talwärts und bei den einzelnen Tannen, etwa in Höhe des Hanges, rechts über die Wiese zu der am Waldrand stehenden Lankhütte hinunter.

Von der Hütte geht man, einem Alpweg folgend, abwärts, an der Meierei vorbei und an dem etwas darunter nach rechts hinüber führenden Güterweg zum Parkplatz bzw. zur Bushaltestelle am Bödele.

Einkehrmöglichkeiten:
AV-Hütte Hochälpele – Donnerstag Ruhetag, im November nur an den Wochenenden offen – und am Bödele.

8. Gütle – Rappenloch – Alplochschlucht – Niedere – Ammanns Brücke – Gütle

Vom Bahnhof Dornbirn mit dem Ebniter Bus an den Ausgangspunkt dieser wildromantischen Wanderung ins Gütle.

Ab Bushaltestelle Gütle beginnt hinter dem Parkplatz der Schluchtenweg. Auf künstlich angelegten, gut gesicherten Steigen gelangt man durch die Rappenlochschlucht zum Staufensee, der beidseitig umgangen werden kann.

Nach dem Kraftwerk Ebensand ist die nicht weniger interessante Alplochschlucht, die an der Ebniter Straße endet.
Variante: Von der Abzweigung Bushaltestelle Alplochschlucht führt ein Fußweg anfangs steil hinauf zum Naturdenkmal Kirchle. Der durch die Naturgewalten ausgeschwemmte Felsen gleicht heute einer großen Halle mit Fenstern, das Kirchle. Auf einem Fußweg geht man weiter bergwärts bis zum Güterweg nach links, wo die zwei Wege beim Schranken zusammentreffen.
Unsere Wanderroute verläuft links entlang der Ebniter Straße 20 Minuten talauswärts zur Abzweigung Niedere, dort rechts leicht

 In der Alplochschlucht.

ansteigend, bis beim Schranken der von rechts kommende Kirchleweg in den Firstweg einmündet. Dieser Weg führt an die nächste Abzweigung vor dem Durchstich, dann links über den Kirchleweg hinunter zu Ammanns Brücke, einer der ältesten überdeckten Holzbrücken in der Nähe des Narroloches. Diese Brücke ist eine zusätzliche Sehenswürdigkeit.
Der restliche Abstieg erfolgt durch die Parzelle Beckenmann ins Gütle.

Einkehrmöglichkeit:
im Gütle.

9. Staufenrundgang – Staufenseeweg – Rappenlochschlucht – Gütle

Die Anfahrt zur Karrenbahn erfolgt mit dem Bus ab Bahnhof Dornbirn. Die Bergfahrt auf den Karren und der Rundblick von der neu ausgebauten Panorama-Bergstation ist ein besonderes Erlebnis.

Unsere Wanderung führt zunächst kurz abwärts, bei der Abzweigung rechts ansteigend über den Kühberg südlich hinüber auf den Schuttannensattel. Bisherige Gehzeit: 1 Stunde. Von der Wegkreuzung geht man dem Forstweg entlang, leicht ansteigend ostseitig des Staufen durch schattigen Wald hinaus zur Staufenalpe. Der weitere Abstieg erfolgt auf dem Alpweg bis an die Abzweigung Staufenseeweg–Karren – rechts hinunter Richtung Rappenloch. Im Bereich Brentenkopf wieder rechts auf dem Fahrweg kurz ansteigend, dann eben hinüber zur nächsten Abzweigung, dort links talwärts zum Staufensee. Durch die Rappenlochschlucht talaus ins Gütle und dort weiter der Dornbirner Ache entlang an den Ausgangspunkt bei der Karrenbahn. Für den Abstieg stehen noch weitere Varianten zur Wahl: entweder vom Karren auf dem etwas steilen Kühbergweg hinunter bis an die Abzweigung am Bürgle, dort rechts (Wegweiser) einem Fußweg entlang erreicht man in

 Staufenalpe.

Am Weg zur Staufenalpe.

einer Stunde die Talstation. Oder für konditionsschwächere Wanderer empfehle ich die Fahrt mit der Bahn ins Tal, um den Rundblick nochmals genießen zu können.

Einkehrmöglichkeiten:
Schuttannen, Staufenalpe (während der Alpzeit), Karren-Bergstation, Gütle.

10. Vom Bödele – Hochälpelekopf – Gschwendtalpe – Kehlegg – Dornbirn

Das Bödele ob Dornbirn ist ein bekannter Ausgangspunkt schöner Wanderungen und kann mit dem Bus ab Dornbirn oder vom Bregenzerwald über Egg–Schwarzenberg erreicht werden.

Von der Bushaltestelle wandern wir bis an das südöstliche Ende des Parkplatzes und gehen nach dem Gatter rechts, leicht ansteigend, zur Meierei Oberlose. Weiter auf einem Güterweg an den Alphütten vorbei, der bereits bei der Lankhütte endet und als Fußweg etwas steiler über den Lankhang zum Lankkreuz hinaufführt. Einem flachen Höhenrücken entlang geht es zum Hochälpelekopf. Gehzeit 1 Stunde. Dieser Dornbirner Hausberg bietet eine großartige Rundsicht in die Schweizer, Vorarlberger und Allgäuer Berge.

Der Abstieg erfolgt für gute Geher und bei trockenem Wetter auf dem Fußweg über den Kamm zum Gschwendtsattel, oder etwas bequemer auf dem Weißenfluh- bzw. Spechtweg vom Bödele bis

 Blick vom Lank zum Bödele.

Hochälpelealpe, dort halbrechts mäßig ansteigend südlich zum Gschwendtsattel hinüber, anschließend hinunter zur Gschwendtalpe und weiter dem Alpweg entlang abwärts nach Kehlegg.
Von Kehlegg geht man, einer Abkürzung folgend, bis zur Hämmerle-Fabrik am Steinebach hinunter. Nach dem Fabriksgelände führt der Weg rechts über die Brücke bis zum Bushalt beim Gasthaus Engel im Oberdorf. Ab Kehlegg kann auch der Bus zum Ausgangspunkt in Dornbirn benützt werden.

Einkehrmöglichkeiten:
Bödele, Hochälpelehütte (Donnerstag Ruhetag), Gschwendtalpe (während der Alpzeit), Kehlegg, Dornbirn.

11. Rundwanderung Sulzberg – Glaſberg – Zellers – Kalter Brunnen – Sulzberg

Am nordöstlichen Ausgang von Sulzberg beim Wegweiser an der Straßengabelung (Fahrstraße nach Riefensberg) beginnt unsere Wanderung.

Wir folgen dem Weg rechts abwärts, zweigen dann nach 1 km beim Feldkreuz links ab und erreichen auf einem Güterweg die Parzelle Brenner. Ein leicht ansteigender Feldweg führt zum Hochsträßstüble, vor diesem gelangt man rechts hinüber zur Parzelle Lindengschwend. Die Fahrstraße verläßt man 150 m nach dem letzten Bauernhof (Tafel: Eibeles Mühle) und geht auf einem Fußweg teils durch Wald und Wiesen hinunter in die Parzelle Glafberg. Glafberg wurde durch die 1983/84 durchgeführten Bohrungen nach Erdgas (ohne Erfolg) bekannt.

An der Materialbahn-Talstation links, vorbei am Zollhäuschen kommt man zu einem einzelnen Bauernhaus (Zellers). Vor diesem Haus links auf der Fahrstraße bergwärts erreicht man nach 20 Minuten das nicht bewirtschaftete Zellerbad. Wir gehen bei der Tafel rechts durch den Wald, an der folgenden Wegkreuzung links hinauf nach Kalter Brunnen (Unterstand und Ruhebänke, bisherige Gehzeit ca. 2 Stunden).

 Im Hintergrund Sulzberg.

Der Rückweg verläuft ab Kalter Brunnen südwestlich weiter im Wald bis an die österreichische Staatsgrenze. Beim Unterstand Hochsträß führt ein Weg eben dem Waldrand entlang. Eine zweite Variante führt durch den Wald vorbei am Fitneß-Parcour an unseren Ausgangspunkt Sulzberg zurück.

Vor den ersten Häusern des Ortszentrums muß man das schöne Panorama der umliegenden Berge genießen. Im Osten ist die Nagelfluhkette, im Südosten der Hohe Ifen und Widderstein und im Süden die Winterstaude und Mittagsspitze zu sehen.

Paß oder gültigen Personalausweis mitnehmen!

Einkehrmöglichkeit:
in Sulzberg.

12. Alberschwende – Brüggelekopf

Diese Rundwanderung führt uns vom westlichen Eingang des Bregenzerwaldes nördlich am Gaiskopf und südlich am Brüggelekopf (1182 m) vorbei wieder zurück an den Ausgangspunkt.

Vom Dorfplatz in Alberschwende (Bushaltestelle) geht man 100 m Richtung Dornbirn. Bei der Wegtafel Ahornach – Bühelin – Maltach links entlang der Fahrstraße, bei der folgenden Weggabelung rechts nach Maltach. Oberhalb der Kapelle, nach ca. 1 Stunde Gehzeit, beginnt beim Schranken die Forststraße. In 15 Minuten erreicht man Schwanteln und geht beim Bauernhof (Tafel am Lichtmasten Richtung Gaiskopf) rechts etwas steil hinauf. Nach Erreichen des Plateaus wandert man nicht durch die Wiese, sondern den Fußweg links in den Wald hinüber zum Kobel (Feldkreuz – Vorsicht, nicht zur Zuppinger Alpe!). Wir gehen weiter nach Osten auf der Forststraße (Gatter), dem Obergaiskopfweg folgend, am Bergvorsäß vorbei bis zur Fahrstraße, die links hinauf zum Lorenapaß und weiter zur Berchtoldshöhe führt (Wegweiser zum Brüggelekopf).

Hier oben bietet sich ein schöner Rundblick. Im Südosten von links Niedere – Diedamskopf – Üntschenspitze – Mohnenfluh – Hohe Künzel – Braunarl – Kanisfluh – Damülser Mittagspitze – Firstgrat mit Mörzelspitze und ganz rechts der Hohe Freschen.

 Alberschwende.

Von der Höhe geht es weiter 150 m hinüber, bei der Tafel am Baum links ca. 100 m den Wald hinunter und dann rechts den Gegenhang ansteigend zum Brüggelekopf (bisherige Gesamtgehzeit 2 1/2 Stunden), dem höchsten Punkt unserer Wanderung. Weiter geht es am Brüggelekopf-Restaurant bzw. Schwimmbecken vorbei hinunter bis zum Brüggele-Vorsäß und von dort rechts über die Wiese (Tafel) nach Kaltenbrunnen.

Vor dem Gasthaus Kaltenbrunnen wandert man abwärts über Tannerberg bis zur Wegtafel Tannerbergweg einige Meter links ansteigend und bei der alten Vorsäßhütte rechts über eine Wiese zur Parzelle Tannen. Weiter geht es auf dem Schießstandweg ins Dorf, nicht nach rechts, sondern am Schießstand vorbei ins Ortszentrum Alberschwende.

Einkehrmöglichkeiten:
Imbiß Berchtoldshöhe, Brüggelekopf-Restaurant, Gasthaus Kaltenbrunnen und in Alberschwende, Parkmöglichkeit: am Dorfplatz und an der Talstation Brüggelekopf Sesselbahn.

13. Rundwanderung im mittleren Bregenzerwald

Im Ortszentrum von Großdorf starten wir zu einer leichten Wanderung und gehen ca. 300 m auf der Fahrstraße in Richtung Lingenau bis zum Feldkreuz und der Wegtafel, die uns den Weg nach Schetteregg anzeigt.

Auf diesem rechts leicht ansteigend, an einzelnen Bauernhöfen vorbei, erreicht man nach einer Dreiviertelstunde die Parzelle Fallenbach. Im Süden erhebt sich ein bewaldeter Bergrücken mit Klaratsberg und Stangstattkopf. Nördlich der Subersach liegen die Orte Lingenau und Hittisau.

Ab der Parzelle Stangstatt geht es auf einem Güterweg weiter an einer neuerstellten Kapelle vorbei, durch ein kurzes Waldstück, nach dem man einen der schönsten Ausblicke zum Hohen Ifen, den Gottesackerwänden und dem Winterstaudenkamm genießen kann. Bei der folgenden Wegtafel lohnt sich ein Blick zurück zu den Hinterbergalpen und dem Hittisberg. Im Hintergrund ist noch gut die Nagelfluhkette mit Hochgrat erkennbar. Weiter geht es westlich

 Großdorf.

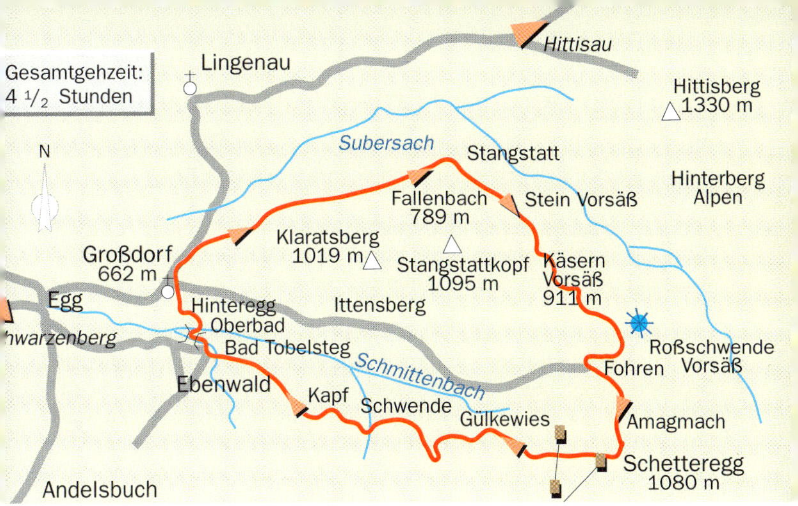

rechts hinauf zu den Wochenendhäusern im Fohren, hinüber zur Fahrstraße (Wegtafel), dann links dieser entlang nach Schetteregg (ca. 2 1/2 Stunden).

Vom höchsten Punkt unserer Wanderung (1080 m) geht es an der Sessellift-Talstation Schetteregg vorbei ca. 150 m bis zur Wegtafel Winterstaude. An dieser Tafel rechts auf dem Güterweg wandern wir westlich zum naheliegenden Skilift Litten und hinüber zur Abzweigung Gülke Haus Nr. 293.

Von dort aus wandern wir rechts hinunter durch einen Hohlweg zur Gülkewies, links hinüber durch den Wald zum Schwende- und Kapfvorsäß bis zur Parzelle Ebenwald.

Nach ca. 150 m Fahrstraße (Wegtafel steht links) zweigt der Fußweg rechts ab (Drehkreuz) und führt hinunter zum Bad Tobelsteg über den Schmittenbach. Nach kurzem Anstieg erreicht man Oberbad–Hinteregg und den Ausgangspunkt Großdorf in ca. 2 Stunden.

Parkmöglichkeit ist im Zentrum von Großdorf. Busverbindungen von Bregenz und Dornbirn: über Alberschwende nach Egg oder Lingenau mit Anschlüssen nach Großdorf.

Einkehrmöglichkeiten:
in Schetteregg und Großdorf.

14. Rundwanderung: Hittisau – Hochhäderich

Die Bushaltestelle Hittisau-Postamt ist unser Ausgangspunkt für eine landschaftlich schöne und abwechslungsreiche Bergtour.

Vom Kirchplatz geht man zwischen Hirschen und Krone in östlicher Richtung ca. 10 Minuten zum Ortsteil Rain. Dort zeigt uns eine Hinweistafel den Fußweg links hinunter an die Ach.

Über eine Hängebrücke erreichen wir die andere Talseite und gehen zur Parzelle Bolgenach hinauf. Wir wandern weiter entlang der Lecknerstraße taleinwärts, zweigen bei der Wegtafel zum Hochhäderich links ab und gelangen auf einem Güterweg zu den Streichbrunnenalpen. Nach einem kurzen Waldstück beginnt der Fußweg zur Lochalpe.

Von der Alphütte rechts ansteigend über einen Sattel, weiter oben durch lockeren Bergwald trifft man auf den von der Alpe Hennemoos kommenden Fahrweg, der zum Hochhäderich führt. In wenigen Minuten wird auf einem Fußweg der Gipfel des Hochhäderich erreicht. Gehzeit im Aufstieg 2 3/4 Stunden. Hier oben bietet sich eine großartige Rundsicht. Im Norden das Hochmoor und Allgäu, im Westen Bodensee und Pfänderstock, im Osten der Hochgrat

 Hochhäderich.

und Nagelfluhkette, Südosten Hoher Ifen, Süden Widderstein sowie der mittlere Bregenzerwald. Der Hochhäderich wird als Hausberg von Hittisau bezeichnet.

Im Abstieg nimmt man denselben Weg zur Gehrenalpe, die in 25 Minuten erreicht ist. Bei der Wegabzweigung geht es links abwärts, vorbei an der Alphütte dem Alpweg folgend bis zur Gschwendalpe. Vor der Alphütte links über die darunter liegende Wiese, durch den Wald hinunter führt ein Fußweg in die Parzelle Gfäll hinab. Dort ein kurzes Stück der Fahrstraße entlang, dann rechts auf dem Fußweg zum Bach, über die Kommabrücke (älteste überdachte Holzbrücke des Landes) vorbei am Schwimmbad hinauf ins Ortszentrum von Hittisau. Gehzeit im Abstieg 2 Stunden.

Parkmöglichkeit: im Ortsbereich

Einkehrmöglichkeiten:
in Hittisau, Gasthaus Hochhäderich, geöffnet von Anfang Juni bis Oktober (Auskunft F. V. V.).

15. Wanderung zum Renkknie auf 1411 m Höhe

Die Anfahrt erfolgt mit dem Bus oder Pkw von Dornbirn und Bregenz über Hittisau nach Sibratsgfäll.

Gegenüber der Kirche in Sibratsgfäll, nahe der Bushaltestelle, wandert man den Güterweg nordöstlich hinauf zur Parzelle Berg bis an das letzte Bauernhaus. Dort führt ein Alpweg am rechten Waldrand kurz etwas steiler bergwärts, bei der obersten Wasserstube rechts über Alpweiden zur Hocheggalpe (3/4 Stunde). An der Alphütte eben vorbei verläuft der Weg beim Wegkreuz links dem Güterweg folgend bequem ansteigend über Bereuters Riesalpe und Hochriesalpe.

Von dieser Abzweigung geht man nordwestlich hinüber, durchquert ein kurzes Waldstück und erreicht weglos rechts oben den Aussichtspunkt Renkknie. Die großartige Rundsicht umfaßt im Westen den Säntis, im Norden den Hochhäderich (vor uns liegt das Balderschwanger Tal), im Osten den Hohen Ifen und im Süden den Winterstaudenkamm.

 Sibratsgfäll.

Der Abstieg erfolgt westlich oberhalb der Renkkniehütte vorbei, dem Alpweg folgend abwärts bis an die Landstraße, ca. 100 m rechts Richtung Waldrast, vor dem Transformator scharf links, östlich auf der alten Straße taleinwärts zum Ausgangspunkt ins Ortszentrum von Sibratsgfäll. Vom Wirtshaus Waldrast ins Ortszentrum besteht eine Busverbindung. So kann die Gehzeit um eine halbe Stunde verkürzt werden.

Einkehrmöglichkeit:
außerhalb der Alpzeit nur in Sibratsgfäll.

16. Bezau – Sattelalpe – Höflealpe – Sonderdach – Bezau

Bezau, Mittelpunkt des Bregenzerwaldes, ist mit dem Bus von Dornbirn und Bregenz oder vom Oberland über Damüls mit Pkw erreichbar. Parkmöglichkeiten sind beim alten Bahnhof im Ortsbereich.

Von der Bushaltestelle Postamt an der Kirche vorbei geht's talein, vor dem Gasthaus Sonne links auf dem Bezeggweg bergwärts bis an die Weggabelung Bezeggbrünnele.
Ein kurzer Abstecher zum Rathausdenkmal Bezegg Sul lohnt sich! Gehzeit hin und zurück 20 Minuten.

Von der Sattelalpe zur Höflealpe
Wir wandern vom Brünnele östlich weiter zur Sattelalpe – (Baumgarten) und verlassen vor der Alphütte nach rechts den Fahrweg. Nun folgt ein in Serpentinen angelegter Fußweg – über einen bewaldeten Gratrücken etwas steil auf die Höflealpe (Gehzeit von der Sattelalpe bis Höflealpe ca. 40 Minuten).

Ein herrlicher Ausblick in den vorderen und mittleren Bregenzerwald belohnt diesen anstregenden Aufstieg. Die Wegtafel am ehemaligen Standort der Alphütte zeigt unseren Weg eben hinüber in den Wald und von dort hinunter zur Seilbahnstation Sonderdach.

 Blick auf Bezau.

Hier bietet sich ein weiterer Rundblick: im Süden das mächtige Massiv der Kanisfluh, rechts die Damülser Mittagsspitze und Sünserspitze, im Südwesten die Hangspitze und Firstgrat. Ins Tal gelangt man mit der Gondelbahn oder auf einem teils steilen Fußweg in einer Stunde Gehzeit.

Einkehrmöglichkeiten:
nur auf dem Sonderdach und natürlich in Bezau.

17. Bezau – Baumgarten – Wildmoosalpe – Vorsäß Sonderdach – Bezau

Die Anfahrt zu dieser schönen Panoramawanderung erfolgt mit dem Bus ins Ortszentrum von Bezau. Parkmöglichkeit für Pkw an der Talstation.

Mit den Bezauer Seilbahnen gelangt man in zwei Sektionen auf die Baumgartenhöhe. Ein Aussichtspunkt ca. 20 m oberhalb der Bergstation bietet einen herrlichen Rundblick in den mittleren und vorderen Bregenzerwald bis hinaus zum Pfänder, vor uns im Südwesten die Hangspitze und im Hintergrund ist der First zu erkennen.

Wir gehen retour an die Bergstation, dort in östlicher Richtung vorbei an der Hinteren Niedere Alpe zur Wildmoosalpe. Der neu angelegte Alpenlehrpfad verläuft parallel zu unserem Wanderweg dem Grat entlang, quert diesen am östlichsten Punkt bei Tafel 14 zwischen Stongenalpe und Wildmoosalpe. Unser Weg zweigt vor der Wildmoosalphütte rechts ab, führt hinüber zur Mittelstation Sonderdach. Hier oben kann man nicht nur die herrliche Bergwelt des südlichen Bregenzerwaldes, sondern auch noch die vielen Trophäen von Olympiasieger Toni Innauer bewundern. Abschließend mit der Gondelbahn hinunter nach Bezau.

 Wildmoosalpe.

Gesamtgehzeit:

Baumgarten–Wildmoosalpe–Vorsäß Sonderdach:	2 Std.
oder über Wildmoosalpe–Holdereggalpe–Bezau:	3 1/4 Std.

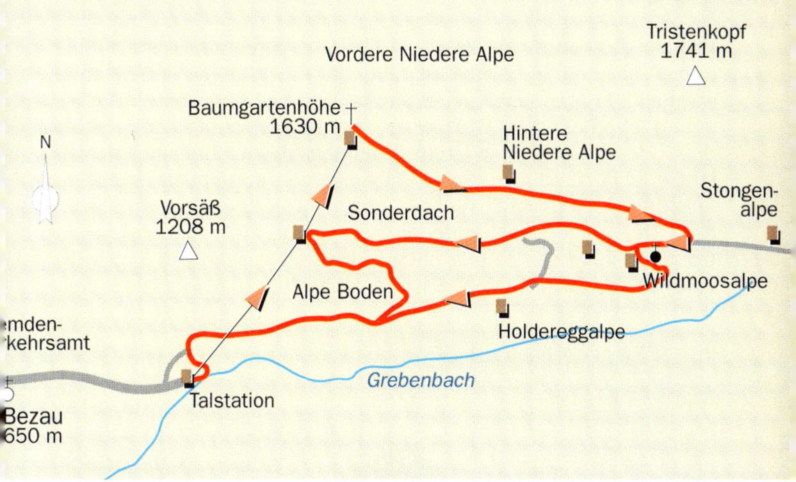

Einkehrmöglichkeiten:
Wildmoosalpe von Anfang Juni bis Mitte September, am Sonderdach und in Bezau.

18. Alpwanderung von Mellau über Möslealpe – Alpe Roßstelle – (Bergstation)

Diese schöne Wanderung führt uns in ein großes Alpgebiet im Bereich des Mellentales.

Von der Bushaltestelle Gasthaus Sonne geht es zuerst zur Kirche und dann Richtung Bergbahnen. Bei der 2. Abzweigung (Verkehrsspiegel) führt der leicht ansteigende Suttisweg bergwärts, oder Sie gehen oberhalb des Parkplatzes der Bergbahn-Talstation rechts durch den Wald (Fußweg zum Güterweg Mellau–Suttis). Die Bergstraße ist bis unter das Rimmler Egg geteert und verläuft größtenteils durch einen Mischwald hinauf zur Möslealpe. Gehzeit 2 Stunden. Der Gasthof Alpenfrieden wird nicht mehr bewirtschaftet, trotzdem lohnt es sich hier oben wegen der großartigen Rundsicht eine Rast einzulegen. Im SW ist der Hohe Freschen und Salzboden-

 Blick von der Wildguntenalpe zur Damülser Mittagsspitze.

kopf, im NW die Mörzelspitze und der Firstkamm und im N die Hangspitze zu sehen. Auch zahlreiche Alphütten kann man an den Abhängen vom Salzbodenkopf bis zur Hangspitze entdecken.

Der weitere Anstieg erfolgt bei der Abzweigung vor der Möslealpe (Wegtafel Alpe Roßstelle) über die Alpe Vordersuttis – Wildguntenalpe, dem höchsten Punkt unserer Wanderung. Bei der Abzweigung vor der Alphütte geht man links hinunter und ist in ca. 40 Minuten bei der Alpe Roßstelle und Bergstation.

Einkehrmöglichkeiten:
Vordersuttisalpe und Wildguntenalpe (während der Alpzeit), Roßstelle (Bergstation), Mellau.

19. Mellau – Roßstelle – Kanisfluh – Wurzachalpe

Von der Bushaltestelle Sonne Mellau geht man 10 Minuten zur Talstation und fährt mit der Bergbahn auf die Roßstelle.

Bei der Hinweistafel zweigt unser Weg links ab Richtung Kanisalpe, eine der schönsten Karmulden in Vorarlberg. Nach einer kurzen Gehzeit verlassen wir an der folgenden Rechtskurve den Alpweg, gehen links, einem Steig folgend, in Serpentinen bergwärts, an dem markanten Felsen am Stoß vorbei zum Gipfelkreuz der Kanisfluh. Gehzeit im Anstieg 2 1/2 Stunden. Hier oben bietet sich ein großartiger Rundblick von einem der schönsten Aussichtsberge des Bregenzerwaldes. Im Süden vor uns die Klippern, dahinter das Zafernhorn, links Zitterklapfen und die Rote Wand, im Südwesten Mittagsspitze, Hochblanken und Hoher Freschen, im Westen der Firstgrat mit Mörzelspitze und Hangspitze und im Tal die Bregenzerach mit den Orten des Hinterwaldes.

Der Abstieg erfolgt bis an die erste Abzweigung (Tafel Mellau) auf demselben Weg, dort geht es links hinunter, beim Drehkreuz Tafel rechts über die Alpwiese zur Wurzachalpe. Nun geht man dem Alpweg entlang abwärts, vor der Kanisalpe rechts hinüber zur Bergstation Roßstelle.

 Blick von der Kanisfluh zur Wurzachalpe, hinten die Mittagsspitze.

Da der Abstieg ins Tal sehr steil ist, empfehle ich die Fahrt mit der Seilbahn zum Ausgangspunkt Mellau.

Einkehrmöglichkeiten: auf der Wurzachalpe, während der Alpzeit bei der Bergstation Roßstelle und in Mellau.

Links am Stoß – im Tal Mellau.

20. Au – Lughöhe – Annalper Joch – Au

Au im Hinterbregenzerwald erreicht man aus dem Vorarlberger Unterland über Bezau und vom Oberland durchs Große Walsertal bzw. Laternser Tal – Damüls.

Zuerst geht man von der Bushaltestelle und dem Parkplatz beim Gemeindehaus (Postamt Au) 100 m taleinwärts (Tafel), am Skilift rechts hinauf nach Grunholz. Weiters folgen wir einem Güterweg, welcher bei der folgenden Weggabelung (Schranken) rechts ansteigt und größtenteils durch den Wald zur Alpe Godlachen, Brendeler Alpe und Säcklalpe (bisherige Gehzeit 2 1/4 Stunden) führt.

Die Lughöhe im NW ist von der letzten Alpe in 15 Minuten leicht zu machen und bietet eine herrliche Aussicht.

Sollte die Kondition für den letzten Anstieg zum Annalper Joch nicht mehr reichen, kann man in zirka 2 Stunden wieder zurück nach Au gehen.

Nach einem kurzen Abstecher zur Lughöhe führt die Wanderung oberhalb der Alphütte am Ende des Alpweges (Tafel) auf dem Gratrücken in zirka 1 Stunde zum Annalper Joch. Der großartige Rundblick hinein in den Rätikon, mit Zimba, Schesaplana und Panüeler,

 Vorsäß Boden.

lassen den kurzen, aber anstrengenden Anstieg zum höchsten Punkt (1997 m) dieser Tour bald wieder vergessen.

Am Annalper Joch führt der Steig zirka 100 m dem Grat entlang nach Osten, dann rechts hinunter zum Annalpsee, an diesem linksseitig zur Annalpe. Vor der Alphütte rechts am Alpkreuz vorbei, über den Bach auf dem Alpweg abwärts über Vorsäß Annalper Au (Imbiß Bergkristall). Weiter geht es dann auf einem Güterweg bis an die folgende Abzweigung und von dort nach Au zu unserem Ausgangspunkt zurück.

Einkehrmöglichkeiten:
Jausenstation Bergkristall und in Au (während der Alpzeit: auf der Brendeler Alpe), Säcklalpe, Annalpe.

21. Große Damülser Rundtour

Bushaltestelle und Parkplatz im Bereich der Ugabahn-Talstation in Damüls. Fahrzeiten der Bahn von Juni bis Mitte Oktober täglich.

Von der Ugabahn-Bergstation geht man links hinüber zur Sesselbahn Hohes Licht (kein Sommerbetrieb), auf einem Alpweg bis an die linksseitig stehende Alphütte. Hier beginnt der Fußweg eben zunächst geradeaus über Alpweiden, später ansteigend hinauf zum Ragazer Blanken. Dieser herrliche Aussichtspunkt bietet außer der schönen Bergkulisse von Damüls auch bekannte Berge in der weiteren Umgebung. Im Westen den Hohen Freschen, im Norden den Firstkamm, im Osten den Widderstein, im Südosten vor uns das Glatthorn und das Kleine Damülser Horn, dahinter die Rote Wand. Von der Wegtafel führt unser Weg links dem Hang entlang zum Sünser Kopf (Hübscher Bühel).

Der Abstieg erfolgt südöstlich, rechts unten ist bereits der Sünser See sichtbar und in einigen Minuten wird das Sünser Joch erreicht. Vom Sünser Joch geht man links talwärts, am Portler Horn vorbei trifft man nach der zweiten Kuppe auf einen Wegweiser. Hier zweigt der Sieben-Hügel-Weg ab, führt am Sessellift rechts vorbei abwärts, kurz entlang einer Fahrstraße, bei den obersten Häusern über einen Wiesenweg geradeaus hinunter ins Kirchdorf. Vor der Kirche zweigt ein Wanderweg links ab zur Bushaltestelle und Parkplatz beim Ugalift. – Der Wanderweg über das Hohe Licht und Hochblanken ist nur für Geübte.

 Damüls, im Hintergrund die Wanderroute.

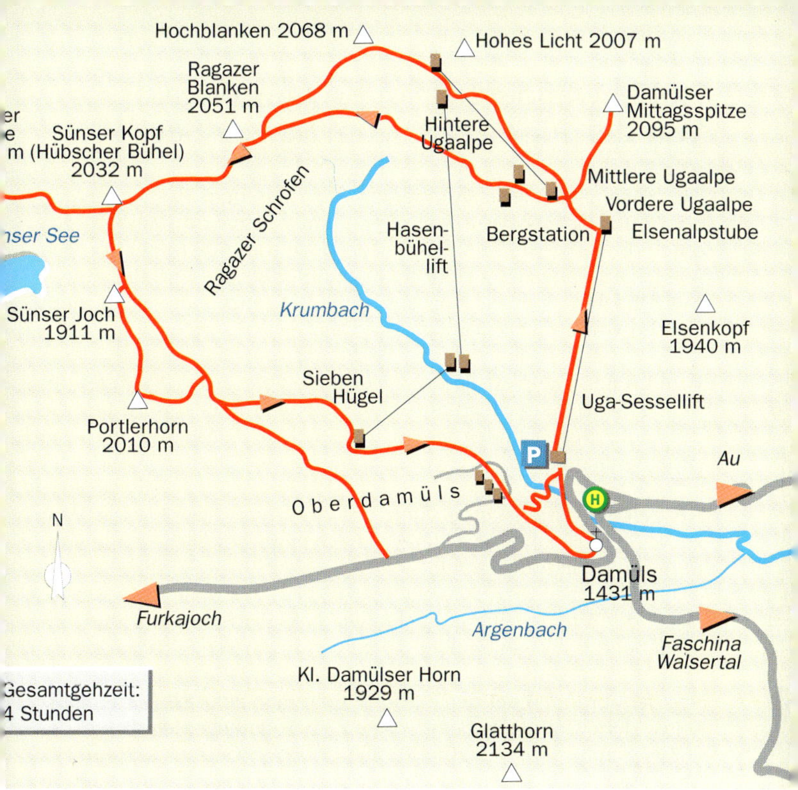

Gesamtgehzeit: 4 Stunden

Einkehrmöglichkeiten:
bei der Bergstation Ugaalpe und Damüls.

22. Höhenwanderung im Bregenzerwald: Von der Alpe Portla zum Sünser See

Die Anfahrt zu dieser Wanderung kann aus dem Bregenzerwald oder dem Großen Walsertal über Damüls und von Rankweil aus durch das Laternser Tal über das Furkajoch zum 400 Meter nördlich gelegenen Parkplatz an der Furkastraße erfolgen. Eine Busverbindung besteht derzeit nur aus dem Bregenzerwald oder dem Großen Walsertal bis Damüls.

Vom großen Parkplatz an der Furkastraße geht man 100 Meter der Fahrstraße entlang Richtung Damüls, sodann führt unsere Strecke links auf einem Fußweg weiter und in zirka 15 Minuten wird die Alpe Portla erreicht.

An den Alphütten vorbei führt uns der etwas ansteigende Weg zum Portler Fürkele. Dort bietet sich ein herrlicher Blick auf die Route unserer Rundwanderung.

Nach der Weggabelung gehen wir links kurz abwärts und anschließend fast eben hinüber zur bereits sichtbaren Sünser Alpe.

Vor dem Brunnen bei der Alphütte geht man zirka 80 Meter linksseitig dem Graben entlang, diesen überquerend hinauf, wo der Fußweg zum Sünser See führt. Die bisherige Gehzeit beträgt 1 1/2 Stunden.

 Sünser See.

Ab diesem Punkt kann für geübte Geher ein Abstecher zur Sünser Spitze mit einer zusätzlichen Gehzeit von zirka 1 1/2 Stunden gemacht werden.

Am Ablauf des Sünser Sees vorbei führt der Weg geradeaus östlich hinauf zum Sünser Joch. Von dieser Weggabelung wandern wir weiter leicht bergwärts nach Süden über den Gratweg zum Blauen See unterhalb des Portler Horns.

Von diesem Punkt kann man einen eindrucksvollen Ausblick – von links nach rechts – Gehrenfalben, Hohe Matona, Hoher Freschen, Sünser Spitze und die unten vor uns liegende Sünser Alpe – genießen.

Der Abstieg erfolgt linksseitig am See leicht fallend zum Portler Fürkele und dort hinunter auf die Alpe Portla, von wo aus wir dann wieder den Parkplatz an der Furkastraße erreichen.

Einkehrmöglichkeiten:
auf den beiden Alpen nur während der Alpzeit.

23. Hohenems – Gsohl – Fluhereck – Schuttannen – Hohenems

Die schöne und an Eindrücken abwechslungsreiche Rundwanderung beginnt gegenüber dem Rathaus in Hohenems und führt entlang der Hochquellenstraße zum Schießstand im Ledi (15 Minuten Gehzeit). Auf einem Forstweg (Fahrverbot), erreicht man die Alpe Gsohl. Von dort bietet sich uns ein herrlicher Blick ins Rheintal, auf die Ostschweizer Berge und den Bodensee.

Nach dem Schranken geht es über ein Tobel in Serpentinen zum Gsohl-Älpele, kurz nach den Wildbachhütten bei der Weggabelung rechts, etwas ansteigend, hinüber zur Emser Hütte und Fluhereck. Beim Wegkreuz am Fluhereck zweigt ein Alpweg links ab, leicht steigend, vorbei an den Alpen Schöner Mann und Hinterberg geht es hinunter nach Schuttannen (bisherige Gehzeit zirka 3 1/2 Stunden). Oberhalb der Alphütten führt parallel zur Fahrstraße ein Fußweg bis ans untere Ende der Alpe Schuttannen. Beim Gatter auf dem Schutzkobelweg führt uns der Weg durch den Wald abwärts, bei der Parzelle Schutz links hinüber zur Fahrstraße nach Reute (Hohenems) und weiter hinunter zu einem großen Gebäude. Nach 50 Metern links kommt man auf einem Fußweg über die Brücke und dann nochmals links zum Schießstand.

 Haflinger auf der Alpe Schöner Mann.

Die Wanderung kann auch in umgekehrter Richtung erfolgen.

Der Parkplatz beim Schießstand ist über die Hochquellenstraße zu erreichen.

Einkehrmöglichkeiten:
Alpe Gsohl, Emser Hütte, Schuttannen, Reute und Hohenems.

24. Götzis – St. Arbogast – Mations – Plattenwald – Örflaschlucht – Götzis

Vom Parkplatz beim Schwimmbad geht es zunächst talaus, nach ca. 50 Meter links, auf einer kleinen Brücke den Emmebach überquerend, vorbei an der Trafostation zum nahen Waldrand.

Diesem entlang bis an das südliche Ortsende von Götzis, dort links auf dem Wanderweg nach St. Arbogast. Wir wandern von der Kirche linksseitig der Fahrstraße 150 Meter weiter Richtung Klaus und biegen am Ende der großen Wiese links in den Wald ab.

Auf dem Mationsweg geht man bergwärts, bei der nächsten Weggabelung links weiter bis an den Waldrand, dann rechts über die Mationswiese zu einem Rastplatz.

Hier beginnt die Markierung, der wir in den Plattenwald folgen und uns bei den kommenden zwei Abzweigungen links halten, bis nach einem kurzen Abstieg die Fahrstraße Fraxern–Klaus erreicht wird. Von der Wegtafel führt ein Fußweg nordwestlich durch ein schluchtartiges Gebiet talwärts. Nach Erreichen der Dernsebene

 St. Arbogast – im Hintergrund die Ruine Montfort.

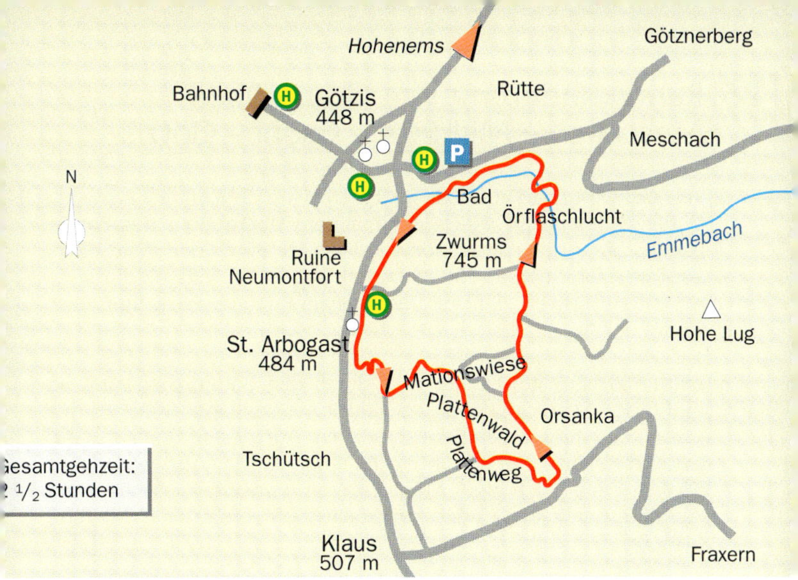

Gesamtgehzeit:
2 1/2 Stunden

rechts hinaus, vorbei an hohen Felshängen bis zu der Kreuzung St. Arbogast–Götzis. Bei der Wegtafel folgen wir rechts dem leicht begehbaren Örflaschluchtweg. Nach zweimaligem Überqueren des Emmebaches geht man auf gesicherten Stiegen, vorbei an der Geschiebetalsperre, dem Bach entlang zum Ausgangspunkt beim Schwimmbad.

Bushaltestelle: Bahnhof, bei der Kirche und Schwimmbad Götzis.
Parkmöglichkeiten: beim Schwimmbad

Einkehrmöglichkeiten:
nur in Götzis.

25. Rundwanderung von Götzis über Meschach – Millrütte – Gsohl – Götzis

Vom Schwimmbad in Götzis geht man etwa 15 Minuten taleinwärts in die Örflaschlucht. Nach zweimaligem Überqueren des Emmebaches zweigt der Meschatleweg links ab, durch den Wald hinauf zur Fahrstraße. Dieser 100 Meter entlang, dann linksseitig, wieder auf einem Fußweg, wird die Meschacher Kirche in einer Stunde erreicht.

Beim Pfarrhaus gegenüber links durch den Garten bergwärts beginnt der Schreckweg. Dem Gratrücken entlang wandert man etwas vorsichtig in den Bereich Spallen. Auf diesem Wegstück gibt es schöne Ausblicke ins untere Rheintal. An der Abzweigung am Spallen bieten sich zwei Möglichkeiten, entweder links über den Aussichtspunkt Kapf oder am Spallenhof vorbei nach Millrütte. Bisherige Gehzeit 2 1/2 Stunden.

Nach einer ausgiebigen Ruhepause geht man von Millrütte nördlich die Wiese hinunter auf die Forststraße, dort links zur Gsohlalpe. Bereits nach 15 Minuten Gehzeit verläßt man unterhalb der Gsohlalphütte den Fahrweg, geht links auf der Adolf-Kopf-Passage durch

 Meschach, im Hintergrund Götzis.

den Wald Richtung Götznerberg. Bei der Abzweigung Fallenkobel–Spallenweg den Hohlweg abwärts zum Götznerberg, zu den Bushaltestellen oberer und unterer Parkplatz, bzw. an den Ausgangspunkt Schwimmbad Götzis.

Eine gute Kondition ist Voraussetzung für diese Wanderung.

Parkmöglichkeit: beim Schwimmbad
Bushaltestellen: Schwimmbad und Örflaweg. Der Meschachbus verkehrt stündlich an Sonn- und Feiertagen ab Bahnhof Götzis von 9 bis 17 Uhr. Nähere Auskünfte erteilt das Gemeindeamt.

Einkehrmöglichkeiten:
Spallen, Millrütte (Mittwoch Ruhetag), Gsohlalpe, Götznerberg und Götzis.

26. Fraxern – Hohe Kugel

Der Sportplatz oberhalb von Fraxern kann zu Fuß vom Ortszentrum in 30 bis 40 Minuten Gehzeit oder mit dem Auto über eine asphaltierte Fahrstraße erreicht werden.

Kapieters liegt 1000 Meter hoch und bietet gegenüber dem Sportplatz ausreichend Parkmöglichkeit. Oberhalb des Parkplatzes führt ein Fußweg linksseitig der Fahrstraße über eine Wiese hinauf.

Nach kurzer Gehzeit beginnt das Naturschutzgebiet Hohe Kugel – Hoher Freschen. Vor dem nächsten steilen Anstieg steht links, am Beginn eines Forstweges, eine Verbotstafel. Wir gehen nicht den Steig hinauf, sondern rechts ca. 10 Minuten der Fahrstraße entlang zur Jausenstation Muttaboden. Nach 100 m endet die Asphaltstraße beim Schranken und von dort führt eine Forststraße ohne große Steigung zur Staffelalpe.

Auf einem Alpweg erreicht man nach wenigen Metern Treiet (Tafel) und geht hinüber zur Kugelalpe. Von den Alphütten über den Osthang direkt auf den Gipfel der Hohen Kugel (1645 m).

 Fraxern.

Dieser weithin bekannte Berg erlaubt uns einen großartigen Rundblick, im Westen das untere Rheintal, im Nordwesten der Bodensee, den Hohen Freschen im Südosten und im Süden den Walserkamm.

Der Abstieg verläuft kurz nach Süden zur Wegtafel, dann südwestlich hinunter zur Maisäßalpe, über Stock dem Aufstiegsweg entlang zum Parkplatz bzw. Fraxern (Roter-Stein-Weg – Schwindelfreiheit ist erforderlich).

Ein landschaftlich schöner Steig beginnt oberhalb der Maisäßalpe (ca. 5 Minuten) auf dem Kugelweg, bei der Tafel rechts (Markierung auf Pfählen) und führt hinüber zur Staffelalpe (30 Minuten).

Einkehrmöglichkeiten:
Jausestation Muttaboden, Kugelalpe (in den Sommermonaten), Maisäßalpe (in den Sommermonaten) und Fraxern.

27. Von Fraxern über Orsanka-Moos auf die Hohe Lug

Der Anstieg beginnt in Fraxern zwischen der Bushaltestelle Dorfplatz und dem Gemeindeamt. Auf dem Kugelweg geht es zunächst geradeaus bergwärts, dann auf einem Fußweg weiter, die Fahrstraße mehrmals querend durch ein kurzes Waldstück bis 50 m unterhalb dem Parkplatz Kapieters (Bushaltestelle Sportplatz).

Ab der Wegtafel Orsanka-Moos–Millrütte geht man auf einer Forststraße beinahe eben talein, an deren Ende auf einem Fußweg durch den Wald, der bald wieder in die Forststraße mündet. Bei der folgenden Linkskurve (Wegtafeln) zweigt unser Weg ab und führt geradeaus zu dem naheliegenden Grillplatz mit Ruhebänken. Bisherige Gehzeit 1 1/4 Stunden.

 Blick von der Hohen Lug nach Götzis.

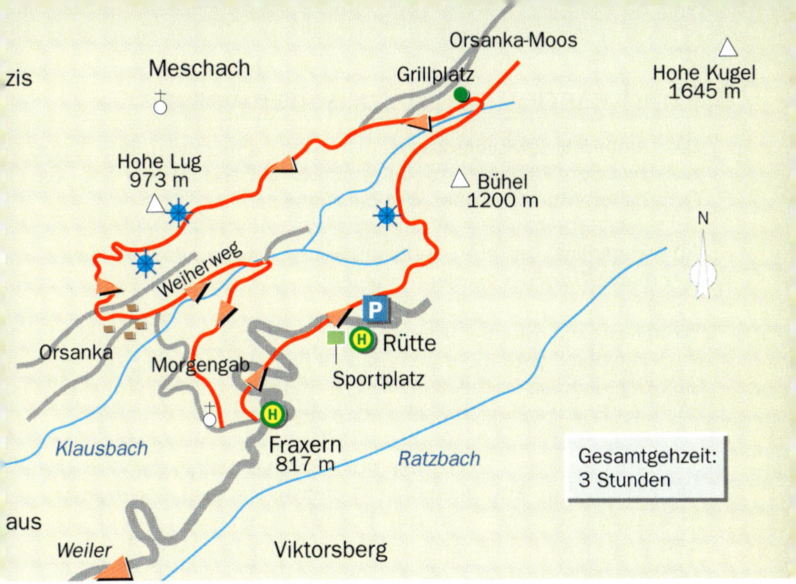

Im Abstieg geht man denselben Weg zurück auf die Forststraße, dort rechts Richtung Götzis.

An den folgenden zwei Wegkreuzungen jeweils geradeaus bis ans Ende der Forststraße, die weiter unten in einen Fußweg mündet. Bereits nach einigen Minuten Gehzeit (Hinweistafel rechts am Baum) zweigt ein nicht markierter Weg rechts ab zum 50 m entfernten Aussichtspunkt Hohe Lug, mit Blick nach Meschach, Götzis und ins Rheintal.

Von der Hohen Lug geht es denselben Weg zurück, über den Fußweg rechts hinunter, an der Wegtafel Orsanka geradeaus weiter, links hinüber zur nächsten Abzweigung mit Hinweistafeln.

Unser Weg verläuft Richtung Orsanka–Fraxern kurz durch den Wald, anschließend, eine Wiese überquerend, zur Parzelle Orsanka. Auf dem Weiherweg gehen wir beim letzten Haus taleinwärts, vor der zweiten Brücke einem Fußweg entlang und schließlich, mäßig steigend, südwestlich ins Kirschendorf Fraxern zurück.

Parkmöglichkeiten im Bereich Dorfplatz.
Busverbindung über Weiler nach Fraxern (Landbuslinie 62).

Einkehrmöglichkeiten:
nur in Fraxern.

28. Rundwanderung in Zwischenwasser

Die Gemeinde Zwischenwasser hat ihren Namen von ihrer Lage zwischen den Wildbächen Frödisch und Frutz und besteht aus den Ortschaften Muntlix, Dafins und Batschuns.

Ausgangspunkt unserer Rundwanderung ist der Bauhof (Feuerwehrhaus) Zwischenwasser.

Bushaltestellen: Muntlix (Kreuzgasse) und Röthis (Gasthaus Rößle). Vom Parkplatz gegenüber dem Bauhof führt uns der Weg kurz entlang dem Frödischbach taleinwärts, weiter über das Mühltobel und nach der Brücke rechts zwischen den einzelnen Häusern hinauf.

Nach mehrmaligem Überqueren der Dafinser Fahrstraße führt uns der Fußweg am Aussichtspunkt Plattenstein vorbei, leicht ansteigend durch den Hochwald zum Ebenen Boden. Nach einer kurzen Rast geht es durch die große Wiese zum Neugut. Von dort erreichen wir nach etwa 200 Metern links auf der Fahrstraße, nach einer Gehzeit von einer Stunde, die Ortschaft Dafins.

Blick ins obere Rheintal
Ein großartiger Tiefenblick bietet sich uns gegenüber der Dafinser Kirche vom Vorplatz der Volksschule ins obere Rheintal mit den Schweizer Bergen im Hintergrund.

 Dafins.

Morschkearschlucht mit Wasserfall
Von der Bushaltestelle gehen wir auf der Fahrstraße Richtung Madlens weiter, rechts an der alten Sennerei vorbei und bei der scharfen Linkskurve in Dafins-Oberberg geradeaus den Hohlweg hinauf, einem Wildgehege entlang bis zum Güterweg. Der Morschkearweg führt nun eben rechts hinüber zur Mühltobelbrücke. Sehenswert ist der einmalige Blick in die Morschkearschlucht mit dem Wasserfall.

Bei der folgenden Abzweigung nach der Brücke wandern wir auf dem ebenen, schön angelegten Fußweg bis Madirms (Bank), dort rechts abwärts bis Buchebrunnen. Von der Weggabelung in Buchebrunnen können beide Fahrstraßen Richtung Batschuns benützt werden. Vor der alten Säge verläuft unser Weg rechts im Wald abwärts (Parcours), weiter nach Muntlix und von der Brücke nach Sulz rechts hinüber wieder zu unserem Ausgangspunkt Bauhof (Feuerwehrhaus) Zwischenwasser zurück.

Einkehrmöglichkeiten:
Dafins, Buchebrunnen und Muntlix.

29. Laterns – Furx – Alpwegkopf – Laterns

Von Rankweil fährt man zunächst mit dem Bus oder Pkw nach Laterns-Thal (Haltestelle Gasthaus Löwen). Parkmöglichkeiten finden Sie bei der Kirche und am zirka 300 Meter taleinwärts linksseitig gelegenen öffentlichen Parkplatz.

Auf einem Fußweg beim Gasthaus Löwen oder an der Volksschule vorbei führt uns der leicht ansteigende Weg nach Thal-Oberdorf. Bei der Weggabelung links abbiegend erreichen wir über den Furxweg nach 30 bis 40 Minuten die Parzelle Furx.

Unmittelbar vor dem Gasthof Peterhof führt der Weg etwas ansteigend an einem Bergrücken entlang weiter zur Skihütte Muntlix.

Oberhalb der Hütte besteht die Möglichkeit, auf einem Fußweg rechts über den Kamm mit herrlicher Aussicht – oder dem Güterweg folgend – die Alpwegkopfalpe und in weiterer Folge das etwas weiter oben liegende Alpwegkopfhaus in zirka 1 bis 1¼ Stunden zu erreichen.

Großartiger Ausblick vom Alpwegkopfhaus
Im Südosten sehen wir den Walserkamm vom Hochgerach bis zum Pfrondhorn. Im Osten erblicken wir die Nob, den Hohen Freschen und den Matonagrat. Im Nordwesten den Bodenseeraum, in Westsüdwest Säntis, Altmann, Hoher Kasten und das Schweizer Rhein-

 Laterns-Thal – Ausgangspunkt der Rundwanderung.

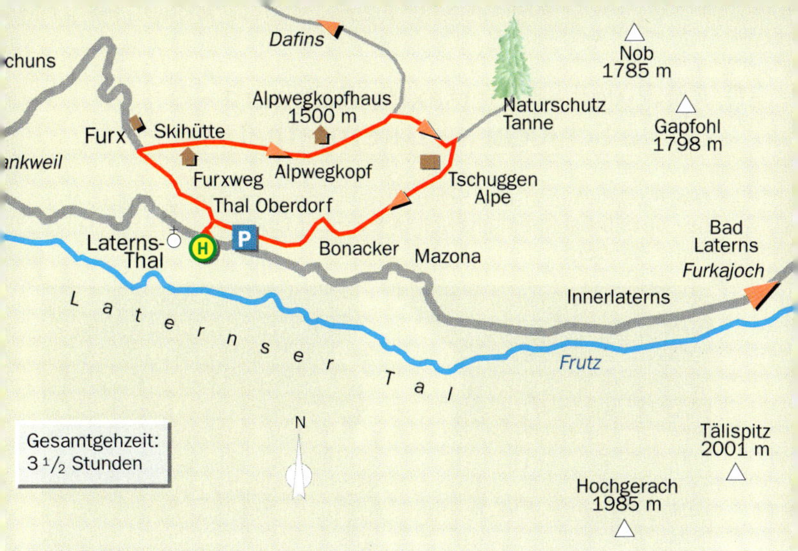

tal. In Südsüdwest und Südsüdost reicht der Blick von den Drei Schwestern bis zur Schesaplana und die Zimba, davor liegt der Walgau.

Unsere Wanderung verläuft weiter nach Osten, führt bei der ersten Abzweigung rechts vorbei an der Tschuggenalpe und kurz nach der Alphütte beim Brunnentrog rechts, vorerst leicht abwärts, auf die untere Tschuggenalpe (Bank).

Von der Tafel Untertschuggen wandern wir rechts weiter hinaus zur Parzelle Oberer Bonacker. Nach einigen hundert Metern der Fahrstraße entlang verlassen wir diese bei der ersten Kurve (Tafel) und gehen rechts über ein Tobel hinüber zur Schwende.

Unterhalb des einzelnen Bauernhauses führt uns die Wanderroute links weiter auf dem Fußweg talauswärts nach Thal-Oberdorf zum Kirchplatz hinunter.

Bahnverbindung ab Bahnhof Rankweil.

Einkehrmöglichkeiten:
in Furx, Alpwegkopfhaus und Laterns.

30. Rankweil – Übersaxen-Rainberg – „Üble Schlucht“ – Laterns-Thal

Diese wildromantische Schluchtwanderung beginnt mit der Fahrt per Bus ab Bahnhof Rankweil in Richtung Übersaxen bis zur Haltestelle Rainberg.

 Üble Schlucht.

Dort geht man kurz der Fahrstraße entlang bergwärts, zweigt links ab, wandert durch die Parzelle Rainberg an der Kapelle vorbei bis zu den letzten Häusern. Ein herrlicher Ausblick nach Osten läßt bereits unser Ziel Laterns-Thal erkennen.

Auf dem Rüthiweg (Forststraße) geht es rechts hinüber in den Wald taleinwärts, und nach dem Plattentöbele erreicht man in ca. 30 Minuten Gehzeit den Kohlplatz.

Neue Brücke
Eine Hinweistafel am Baum zeigt uns den links steil abwärts verlaufenden Fußweg, der weiter unten den Netschelweg quert und in die Schlucht hinunter führt. Die neuerstellte Brücke und diverse Absicherungen erleichtern den Gegenanstieg auf der anderen Talseite zwischen den mächtigen Felswänden und herabstürzenden Wassermassen.

Die gesamte Durchquerung der „Üble Schlucht“ bietet dem Wanderer ein unvergeßliches Naturerlebnis. Am Ende der Schlucht wird der Weg etwas steiler, zunächst durch Wald, dann über Wiesenhänge geht man hinauf zur Bushaltestelle Laterns-Thal.

Der Bus bringt uns wieder an den Ausgangspunkt Bahnhof Rankweil zurück.

Einkehrmöglichkeit:
Laterns-Thal

31. Von Bad Laterns zum Hohen Freschen

Der Ausgangspunkt für die Wanderung zum Hohen Freschen kann mit dem Pkw von Rankweil durchs Laternser Tal, aber auch vom Bregenzerwald über Damüls erreicht werden.

In den Sommermonaten (Ferienzeit) verkehrt der Bus ab Bahnhof Rankweil bis Bad Laterns, ansonsten nur bis Innerlaterns Kirchplatz und Skilift. Ein Parkplatz für Pkw befindet sich ca. 300 m nach dem Bad Laterns oberhalb der Brücke links an der Furkastraße.

Unser Anstieg erfolgt auf dem Garnitzenweg zur Vorderen und Hinteren Garnitzen Alpe, dort rechts vorbei über eine kleine Holzbrücke, dann am Talende etwas ansteigend zur Unteren Saluver Alpe.

Nach 10 Minuten erreicht man die Wegkreuzung am Lusbühel, von hier geht es rechts weiter auf dem Saluverweg an der Oberen Saluver Alphütte vorbei zum Freschenhaus (2 1/2 Stunden Gehzeit). Neben der Freschenkapelle ist ein schön angelegter Alpengarten.

Der Hohe Freschen kann auf dem von Damüls über die Gäviser Höhe und Matonasattel kommenden Wanderweg in einer 3/4 Stunde leicht bestiegen werden. Der Freschengipfel (2004 m ü. d. M.), bietet einen großartigen Rundblick über den Bodenseeraum, die Ostschweiz mit Säntisgruppe, Rätikon, Bregenzerwald, das Lechquellengebiet bis hinein ins Verwall und Silvretta.

Der Abstieg erfolgt auf demselben Weg über das Freschenhaus–Lusbühel bis zur Unteren Saluver Alpe. Von dort gelangt man auf einem Güterweg rechts hinüber zum Gapfohler Fürkele und hinunter zur Gapfohler Alpe. Von der Gapfohler Alpe wandert man links vorbei, den Güterweg durchquerend (Wegtafel), und kommt so auf den alten Gapfohler Weg.
Falls der Sessellift in Betrieb sein sollte, führt der Weg rechts an der oben angeführten Alphütte vorbei direkt zur Bergstation, was die Gehzeit ins Tal um ca. 1 Stunde verkürzt.

Von der Bergstation besteht die Möglichkeit, auf dem Weg oberhalb des Restaurants wieder auf den Gapfohler Weg zu kommen. Im unteren Teil ist es ratsam, auf dem Güterweg über dem Beerenhof, Marienruh und von dort in ca. 10 Minuten auf der Fahrstraße zur Bushaltestelle Innerlaterns-Kirchplatz abzusteigen.

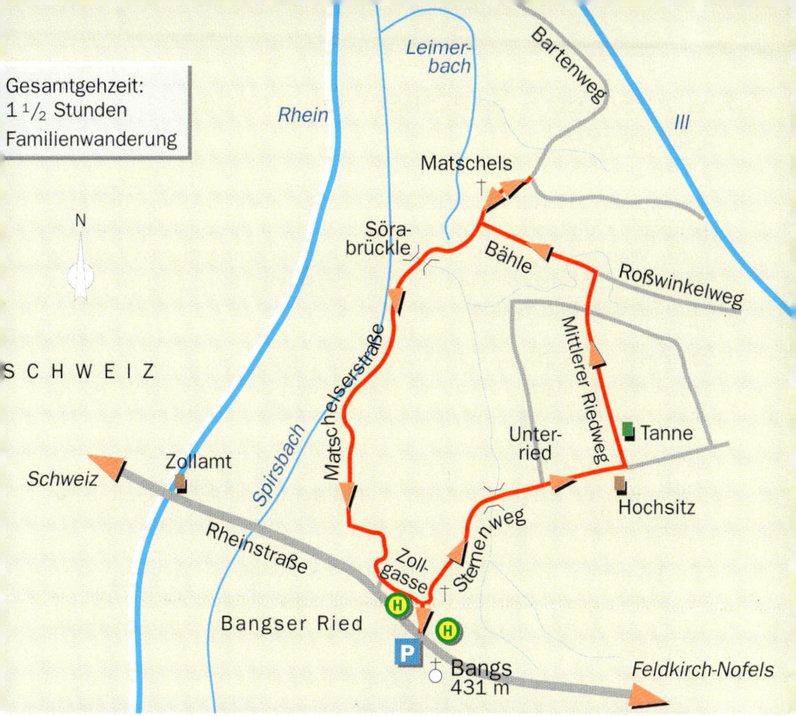
Gesamtgehzeit:
1 1/2 Stunden
Familienwanderung
Rhein
Leimer-
bach
Bartenweg
Ill
Matschels
Söra-
brückle
Bähle
Roßwinkelweg
N
SCHWEIZ
Matschelserstraße
Mittlerer Riedweg
Tanne
Unter-
ried
Zollamt
Schweiz
Spirsbach
Hochsitz
Rheinstraße
Zoll-
gasse
Sternenweg
H
H
Bangser Ried
P
Bangs
431 m
Feldkirch-Nofels

33. Übersaxen – Satteinser Gulmalpe – Übersaxen

Die Anfahrt erfolgt von Rankweil mit Bus oder Pkw. Von der Bushaltestelle am Dorfplatz in Übersaxen verläuft diese familienfreundliche Wanderung zunächst in südlicher Richtung dem Glathweg entlang zum ersten schönen Aussichtspunkt auf Glath mit Blick zum Rätikon und Walgau.

Nun geht es auf dem Güterweg weiter, kurz über eine Wiese zur Abzweigung Harba, dort leicht ansteigend bis Hägile. Hier verläßt man den Forstweg, überquert ein harmloses Tobel und gelangt nach einem Gegenanstieg rechts abwärts an die Weggabelung Motta. Jetzt gehen wir annähernd eben hinüber bis hinter den Schranken auf Käspis Ebne, dann links der Fahrstraße folgend bergwärts.

Der Weg führt in den Wald hinauf, bald zweigt ein Fußweg rechts ab, weiter oben wird die Fahrstraße überquert und über den Hohlweg gelangt man in einer Gehzeit von 1 1/2 Stunden auf die Satteinser Gulmalpe.

 Blick auf Übersaxen und Rheintal.

Der herrliche Aussichtspunkt bietet einen großartigen Tiefblick in den Walgau und die Berge des Rätikons: Von links im Südosten der Valkastiel und die Zimba, im Süden Mondspitze, Schillerkopf, Fundelkopf, Schesaplana und Panüeler, im Südwesten Drei Schwestern und Garsellispitz.

Der Abstieg erfolgt in nordwestlicher Richtung, anfangs über Alpwiesen, durch ein kurzes Waldstück anschließend queren wir das Hochmoor und gehen in Weiherberg bei der Kreuzung geradeaus, zwischen den Wochenendhäusern durch, hinunter nach Übersaxen.

Einkehrmöglicheiten:
zwei Gastlokale in Übersaxen, auf der Gulmalpe im Juni zirka drei Wochen.

34. Schnifis – Hochgerach

Schnifis ist vom Walgau über Satteins, Schlins, Thüringen und aus dem Bregenzerwald durch das Große Walsertal mit dem Bus oder Pkw erreichbar. Parkmöglichkeiten sind zwischen dem Ortszentrum und der Talstation der Kabinenbahn auf den Schnifisberg. Diese verkehrt vom Frühjahr bis Herbst von Dienstag bis Freitag ab 9 bis 12 Uhr und von 13 bis 18 Uhr, Samstag, Sonn- und Feiertag von 8 bis 12 und 13 bis 18 Uhr. Montag Ruhetag.

Unsere Wanderung beginnt bei der Bergstation Hensler, auf dem Schnifner Gerachweg (Forststraße), rechts hinüber am Lifthäuschen und zwei Wochenendhäusern vorbei, durch ein Waldstück, leicht steigend zur Äußeren Alpila Alpe. Unterhalb der Alphütten geht es rechts bergwärts in eine Talmulde, dann nordöstlich in Serpentinen auf den rechtsseitigen Hang hinauf zum Sättele am Goppeskopf (1845 m) von dort direkt nach Norden in 20 bis 30 Minuten zum Gipfel.

Der Rundblick vom Hochgerach ist großartig! Im Süden Walgau, Brandner Tal, Zimba, Schesaplana und Panüeler, im Südwesten die Drei Schwestern und diverse Schweizer Berge, im Westen die Säntisgruppe, im Norden das Laternser Tal mit dem Hohen Freschen, im Osten das Große Walsertal, dahinter die Braunarlgruppe und die Rote Wand, im Südosten der Hohe Frassen.

 Walserkamm – Hochgerach.

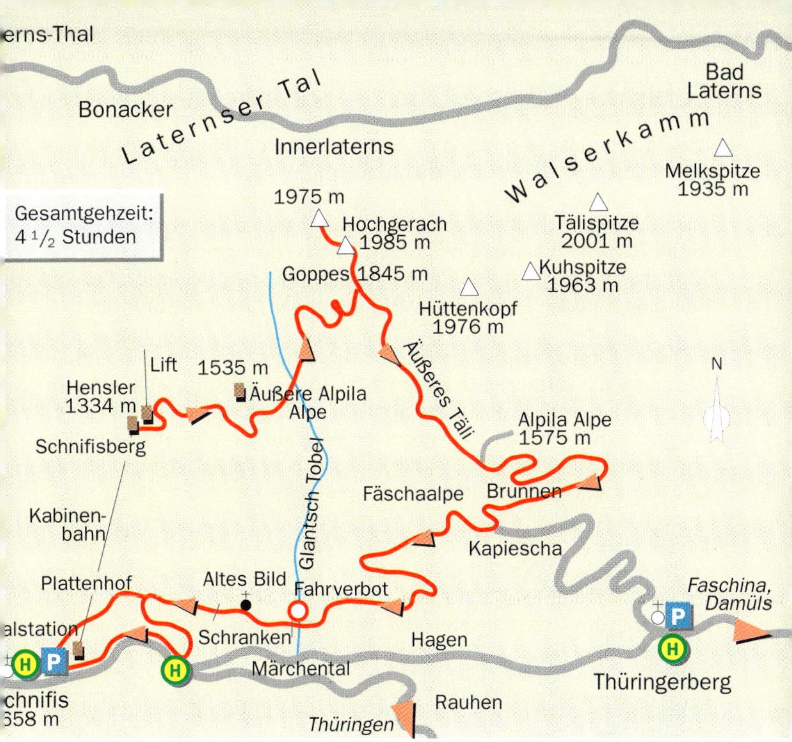

Der Abstieg bis zum Sättele auf Goppes ist gleich wie der Aufstieg. Bei der dortigen Wegtafel verlassen wir die Aufstiegsroute und gehen auf dem Thüringerberger Gerachweg über Alpweiden durchs Täli hinunter zum Güterweg und auf diesem zirka 30 Minuten zur Fäschaalpe. Unterhalb der Alphütte nach dem Gatter beginnt die asphaltierte Fahrstraße nach Thüringerberg. Unser Weg zweigt gleich nach dem erwähnten Gatter scharf rechts ab, hinüber zum alten Mahdeggweg (Abkürzung), dann links abwärts zur Gampelinalpe (Markierung beachten). Auf dem Güterweg über das Glantschtobel am Schranken und der Kapelle „Altes Bild“ vorbei bis zum alleinstehenden Bauernhaus (Plattenhof). Von dieser Weggabelung kann man nach links zur Walsertaler Straße, dort rechts talaus an die Kabinenbahn-Talstation oder bei beim Plattenhof auf dem Fußweg in die Ortsmitte von Schnifis gelangen. Diese Wanderung kann auch in entgegengesetzter Richtung gemacht werden.

Einkehrmöglichkeiten:
in Schnifis und Thüringerberg, an der Bergstation, während der Sommermonate auf der Alpila Alpe.

35. Schlins – Röns – Düns – Schlins

Die Wanderung ist aufgrund des geringen Höhenunterschiedes sehr leicht und daher jedermann zu empfehlen.

Vom Postamt Schlins folgt man zunächst der Quadernstraße, geht in der Parzelle Rönsberg hinauf nach Röns, dort geradeaus über die Landstraße, beim folgenden Wegweiser links, vorbei an der Kirche Richtung Satteins bis zur Abzweigung am Kohlplatz, 1 Stunde.

Auf zwei Aussichtspunkte möchte ich noch hinweisen: Oberhalb Rönsberg ein Blick zurück in den Rätikon und in Fangasella, links im Hintergrund, die bekannten Schweizer Berge Säntis und Hoher Kasten. Am Kohlplatz zweigt unser Weg auf die alte Straße rechts ab, verläuft im unteren Teil dem Flanabach entlang, weiter oben an Gasal vorbei bis zum Ortseingang von Düns.

Unmittelbar vor der Brücke beim Wegweiser führt ein Fußweg rechtsseitig am Dünserbach hinunter, überquert die Landesstraße und trifft bei der Brücke auf die alte Landstraße Schnifis–Röns. Nach zweimaligem Überschreiten des Vermülsbaches geht man wieder

 Im Vordergund Röns, dahinter Schlins und Nenzing.

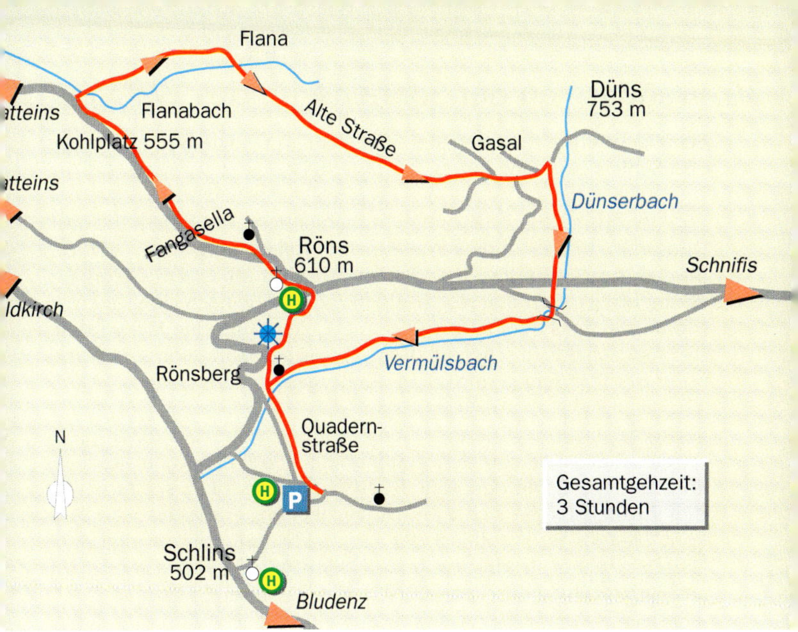

rechtsseitig dem Bach entlang talaus nach Rönsberg und von dort auf der Quadernstraße an den Ausgangspunkt Postamt und Bushaltestelle Schlins.

Einkehrmöglichkeiten:
in Röns, Düns und Schlins.

36. Wandern an der Sonnenseite des Walgaus

Schnifis erreicht man per Bus oder Pkw ab Feldkirch über Satteins und Schlins bzw. Thüringen/Thüringerberg.

Von der Bushaltestelle Krone geht man entlang der Fahrstraße nach Düns. An Kirche und Gemeindeamt vorbei bergwärts, vor der Brücke rechts ostseitig des Montanastbaches auf einem Güterweg, weiter oben durch den Hochwald bis zur Straße nach Übersaxen. In Montanast links hinüber zum Parkplatz, zeigt uns eine Hinweistafel das landschaftlich schönste Wegstück über Rongelonsch, vorbei unter der Pfänderalpe hinauf an die Bergstation am Hensler.

Während unserer gesamten Wanderung genießen wir einen großartigen Rundblick von den gegenüberliegenden Bergen des Rätikons und im Osten der Hohe Frassen, dahinter die Elserspitze. Für den Abstieg bieten sich zwei Möglichkeiten, entweder man geht vom Hensler kurz entlang der Fahrstraße hinunter, zweigt beim Dätschle rechts ab, dort weiter auf dem Fußweg nach Gavaschina, am Bildstöckle vorbei über die Wiese zur zweiten Stütze.

 Haus am Dünserberg (Montanast).

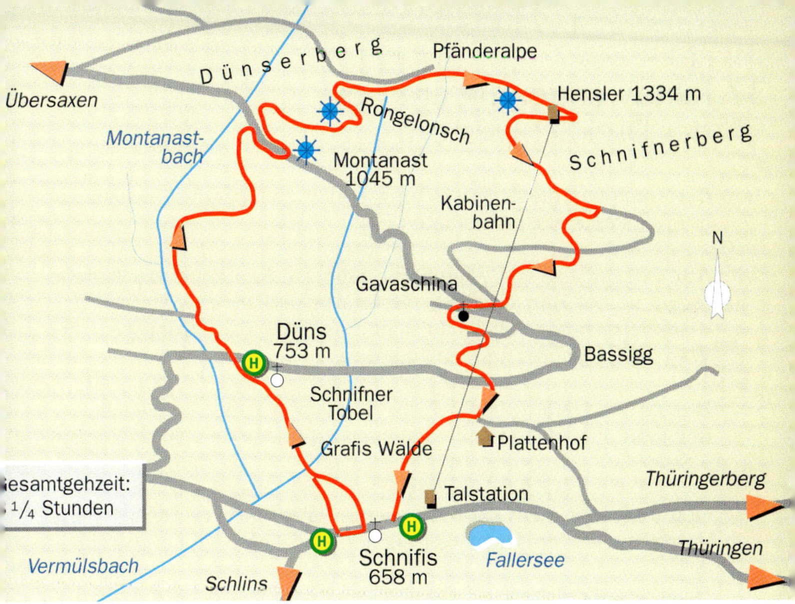

Die folgende Wegtafel zeigt den Weg über eine Wiese zum Plattenhof, dort rechts den Hohlweg talwärts zu dem Ausgangspunkt Schnifis oder man fährt mit der Kabinenbahn ins Tal.

Einkehrmöglichkeit:
Düns, Montanast, Hensler und in Schnifis.

37. Rundwanderung am Fuße der Drei Schwestern

Die Anfahrt zu dieser Wanderung erfolgt ab Ortsmitte Frastanz auf der Fahrstraße nach Amerlügen.

Am Ortseingang von Amerlügen führt die Straße bei der Kapelle rechts vorbei zum Gasthaus Alpenrose und dann weiter entlang dem Herrenweg. Vor der Talstation der Materialseilbahn geht der Weg rechts hinüber auf den Parkplatz.

Unsere Wanderung beginnt am nördlichen Ende des Parkplatzes und führt über einen Waldweg hinauf zur Feldkircher Hütte. Gehzeit 1 Stunde.

Nun folgt man dem Drei-Schwestern-Weg, geht an der Alphütte Vorderälpele vorbei links beim neuen Fernsehsender bergwärts.

Nach dem Erreichen des vor uns liegenden Bergrückens, unmittelbar an der Liechtensteiner Grenze, bietet sich ein herrlicher Rundblick in den Walgau, das Walsertal und ins Rheintal.

Der Weg führt dann in weiterer Folge durch den Wald, nach dem Gatter rechts – zum Hinterälpele.

Im Hintergrund sieht man die Drei Schwestern, ihnen vorgelagert den Sarojasattel und rechts oben die Sarojahöhe.

 Drei Schwestern.

Bei den Brunnentrögen hinter den Alphütten verläßt man den Drei-Schwestern-Weg nach einer ausgiebigen Rast und geht links über den Alpweg hinunter entlang dem Forstweg, der in den Herrenweg einmündet. Auf diesem talauswärts, bis unsere Wanderung bei der Talstation der Materialbahn, links abzweigend, am Ausgangspunkt endet.

38. Über die Alpe Bazora zur Gurtisspitze

Von der Bushaltestelle und dem nahe gelegenen Parkplatz in Gurtis wandert man geradeaus am Gasthof Gurtisspitze vorbei auf einem Wiesenweg bis zum Güterweg. Dort geht es einige Meter rechts, dann links ansteigend über Bergwiesen und kurz durch den Wald zu dem Skilifthang der Alpe Bazora. Hier trifft unser Weg mit dem aus der Feriensiedlung Bazora zusammen, verläuft in Kehren bergwärts links dem Hang entlang an der Skihütte vorbei zur Bazoraalphütte. Nun geht man rechts hinauf in den Wald, bei der Wegteilung links steil empor zur Gipfelscharte und links auf den Gipfel. Gesamte Gehzeit beträgt ca. 2 1/2 Stunden.

Die Gurtisspitze ist der nördlichste Gipfel des Galinakammes und bietet einen großartigen Rund- und Tiefblick.

Der Abstieg erfolgt bis in die Scharte hinunter wie im Aufstieg, dort kurz bergauf den leicht begehbaren Grat entlang zum Spitzwiesle. Vom Wegweiser links abwärts erreicht man in ca. 1 Stunde die Sattelalpe. Wir wandern auf dem Alpweg talaus, wenig später am

Sattelalpe, im Hintergrund die Hohen Köpfe.

Forstweg weiter bis unterhalb des Gatters. In der zweiten Rechtskurve führt links ein Fußweg abwärts über Wiesen nach Gurtis.

Busverbindung nach Gurtis ab Feldkirch und Frastanz. Anfahrt mit Pkw von Nenzing oder Frastanz. Parkmöglichkeit beim Tennisplatz oberhalb der Kirche.

Einkehrmöglichkeit:
in Gurtis.

39. Rund um den Gampberg

Von der Ortsmitte Nenzing – Bushaltestelle Gemeindeamt – folgt man der Fahrstraße Richtung Gurtis. Parkplatz für Pkw unterhalb dem Campingplatz Garfrenga.

Unsere Wanderung führt hier weiter, zunächst entlang dem Hohlweg hinauf zur Forststraße, dort links in südlicher Richtung bergwärts.

Bei der Tschardunkreuzung links durch schattigen Bergwald dem Fahrweg folgend an einen der schönsten Aussichtspunkte am Triegl. Am Ende der Forststraße (Bank) geht es auf einem Fußweg durch den Wald, weiter oben über Alpweiden zum Schindlaboda, von dort links wird nach ca. drei Stunden die Gampalpe erreicht.

Die Wanderroute ist im gesamten Anstieg ideal angelegt und kann von jedermann bequem bewältigt werden.

Nach einer ausgiebigen Rast geht man bei den Wochenendhäusern nördlich hinauf zu dem herrlichen Aussichtspunkt am Gampberg. Gehzeit hin und zurück 3/4 Stunden. Ein großartiger Rundblick bie-

 Gampalpe.

tet sich hier oben. Im Süden die Lohnspitze, dahinter der Galinakopf, im Westen die Hohen Köpfe und Gurtisspitze, im Norden vor uns im Tal der Walgau, im Osten die Mondspitze und der Schillerkopf. Vom Gipfel auf demselben Weg zurück, beim Kirchlein über den Güterweg abwärts, teils dem Fußweg folgend Richtung Wanderparkplatz weiter unten über die schönen Latzwiesen bis zur Fahrstraße. An der Kreuzung rechts zum Ausgangspunkt Campingplatz bzw. Bushaltestelle Nenzing Gemeindeamt.

Busfahrt: Die Rückfahrt mit dem Wanderbus von der Gampalpe ist nach vorheriger Anmeldung möglich. Telefon 0 55 25 / 56 22 17.

Einkehrmöglichkeiten:
Im Berghaus Mattajoch auf der Alpe Gamp, bewirtschaftet von Anfang Juni bis Ende September, im Camping Garfrenga und in Nenzing.

40. Von Thüringen zur Gampelinalpe

Eine kleine Kostprobe zum neuen Wanderwegekonzept Walgau – Sonnenseite

Da es in den Naherholungsgebieten der mittleren und tieferen Lagen öfters an Wegweisern und Markierungen fehlt, wurde dieser Mangel inzwischen auf der Sonnenseite des oberen Walgaus behoben.

In diesem Gebiet wird zum ersten Mal in Vorarlberg ein Wanderwegekonzept mit neuen Qualitätsansprüchen erprobt. Es ist dies ein gut durchdachtes Routennetz mit durchgehend einheitlicher Betafelung und Markierung. Diese Neuerung wurde soeben im Gebiet zwischen Satteins und Thüringen bis nach Dünserberg–Thüringerberg und hinauf zum Hochgerach eingeführt. Ausgangspunkt dieser abwechslungsreichen und landschaftlich sehr schönen Rundwanderung ist die Bushaltestelle beim Postamt Thüringen.

Zunächst geht man in Richtung Dorfzentrum, bei der folgenden Straßenkreuzung (Wegweiser neben Bildstock) geradeaus auf der

 Montiola-Weiher.

Schmiedgasse bergwärts zur Faschinastraße, die wir nach etwa 150 Metern wieder verlassen und links am Wasserfall hinauf zum Montiola-Weiher gelangen.

Aufgrund der guten Markierung und der neuen Wanderwegtafeln kann über Bargrand, Gaden nach dem einzelnen Bauernhof links durch die Parzelle Hagen, Gschading (Gütle), dort rechts ansteigend die Gampelinalpe problemlos erreicht werden. Bisherige Gehzeit etwas 1 1/2 Stunden. Vor der Alphütte verläßt man den Güterweg in östlicher Richtung, geht über die Alpwiese in den Hochwald, überquert das Gandatobel und gelangt auf einem Wiesenweg nach Thüringerberg. Der weitere Abstieg erfolgt bei der Sennerei rechts über die Brücke, dann links talwärts ins Schloßtobel, dort westlich auf dem Quadernweg zum Montiola-Weiher und hinunter nach Thüringen.

Parkmöglichkeiten: Hauptschule Thüringen und Dorfzentrum.

Einkehrmöglichkeiten:
Thüringerberg, Thüringen

41. Ludesch – Ludescherberg – Steinle – Nüziders

Die Anfahrt zu dieser Wanderung bietet nicht nur dem Pkw-Fahrer genügend Parkmöglichkeit bei der Blumenegghalle in Ludesch, es ist außerdem ideal mit Bus oder Bahn anzureisen. Der Ausgangspunkt St.-Martins-Kirche auf der Anhöhe ist weithin sichtbar und kann vom Parkplatz über die Dorfstraße oder vom Bahnhof Ludesch

 St. Martin.

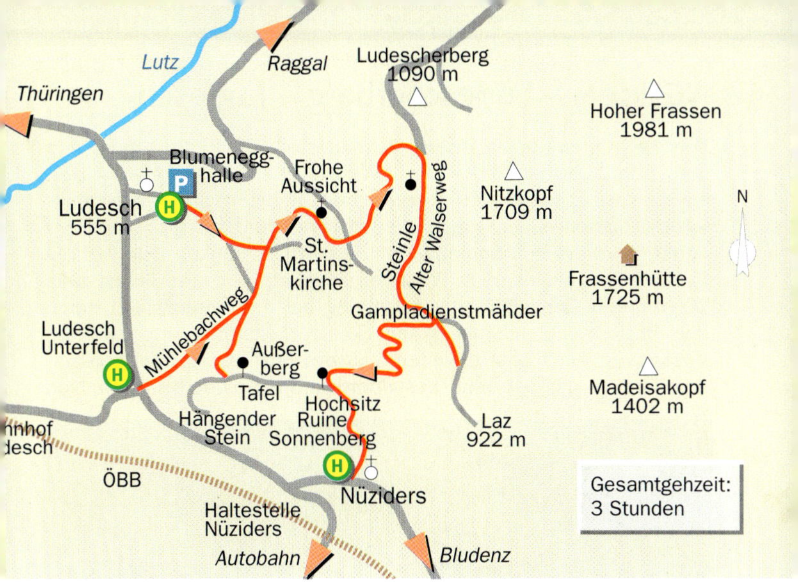

bzw. Bushaltestelle Unterfeld auf dem Mühlebachweg erreicht werden. Kurz oberhalb der St.-Martinskirche verlassen wir die Fahrstraße und zweigen bei der Wegtafel links ab, über eine Wiese hinauf in den Wald, überqueren den Forstweg, einem Hohlweg entlang bis zur Weggabelung, und gehen auf der Fahrstraße in Richtung „Frohe Aussicht". Dort rechts hinüber beim Brunnen (Tfl.) links ansteigend, der Markierung folgend, auf den Ludescherberg.

Die herrliche Aussicht auf die umliegenden Berge lassen den etwas anstrengenden Aufstieg schnell vergessen, da der höchste Punkt unserer Wanderung bereits erreicht ist.

Hier verläßt man den Frassenweg, geht rechts hinüber an der Kapelle vorbei auf dem alten Walserweg durch den Wald übers Steinle, zu den Gampledienstmähdern mit Blick nach Laz, Bludenz und Bürs, im Hintergrund Silvretta und Rätikon.

Den am unteren Ende der Wiese beginnenden Forstweg verläßt man bereits nach 100 m, geht scharf nach rechts (Wegweiser) durch den Buchenwald abwärts, dann wieder auf der Forststraße bis zur nächsten Abzweigung. Von hier führt der Weg links hinunter an der Ruine Sonnenberg vorbei in die Ortsmitte von Nüziders. Bushaltestelle.

Einkehrmöglichkeit:
Ludesch und Nüziders.

42. Nüziders – Ludescherberg – Ludesch

Von der Ortsmitte Nüziders (Bushaltestelle beim Postamt) geht man oberhalb der Kirche zum Wegweiser Ecke Winkelweg, dort links hinauf zur nächsten Abzweigung. Bei der Hinweistafel links um die Gartenmauer, gleich wieder ansteigend an der Ruine Sonnenberg vorbei, am Schloßwegende beim Schranken links auf die Platte. Hier geht es, dem Forstweg folgend, bergwärts, nach zirka 20 Minuten Gehzeit führt ein Fußweg bei der Hinweistafel durch den Buchenwald hinauf zu den Gampladienstmähdern am alten Walserweg. Nach einem weiteren kurzen Anstieg wird die geologische Grenze der Ost- und Westalpen am Steinle überschritten. Nun

 Ruine Sonnenberg.

verläuft der Wanderweg nördlich, teils durch den Wald, nach Ludescherberg mit einer großartigen Rundsicht in den Rätikon und Walgau. Auf der Straße geht man eben weiter Richtung Raggal, zweigt in Falazera beim Bildstöckle links ab über Bergwiesen talwärts bis an die Abzweigung in Vieus. Dort links hinüber zu dem Aussichtspunkt am Bofel mit Blick in den Walgau, Rätikon, Schweizer Berge und Walserkamm.

Beim folgenden Wegweiser links über die Wiese zum Parkplatz Bofel hinunter, auf der alten Raggaler Straße durch den Wald abwärts zur „Alten Krone“, links hinüber zur Blumenegghalle bei der Kirche.

Wissenwertes:
Der alte Walserweg mit den interessanten historischen Tafeln am Steinle, beim alten Schulhüsle und in Falazera.
Die alte Raggaler Straße von Falazera bis Ludesch wurde im Jahr 1830 von dem berühmten Kreisingenieursadjunkten Alois Negrelli geplant.

Einkehrmöglichkeit:
Nüziders, am Bofel in Ludesch

43. Familiengerecht: Muttersberg – Elsalpe

Als Ausgangspunkt dieser gemütlichen und familiengerechten Wanderung zwischen 1400 und 1600 Metern Seehöhe wurde das Alpenstädtchen Bludenz erwählt.
Die Talstation der Muttersbergbahn kann zu Fuß ab Bahnhof in rund 20 Minuten oder mit dem Stadtbus bzw. Pkw erreicht werden. Die Seilbahn fährt halbstündlich, bei entsprechender Personenanzahl sind auch Zwischenfahrten möglich. Von der Bergstation, auf einem Güterweg rechts am Madeisastüble abwärts, nach 10 Minuten Gehzeit oberhalb des Gasthauses Muttersberg links hinüber bis zu der Wegtafel nach dem kleinen Teich.

 Auf dem Weg zur Elsalpe, im Hintergrund die Schesaplana.

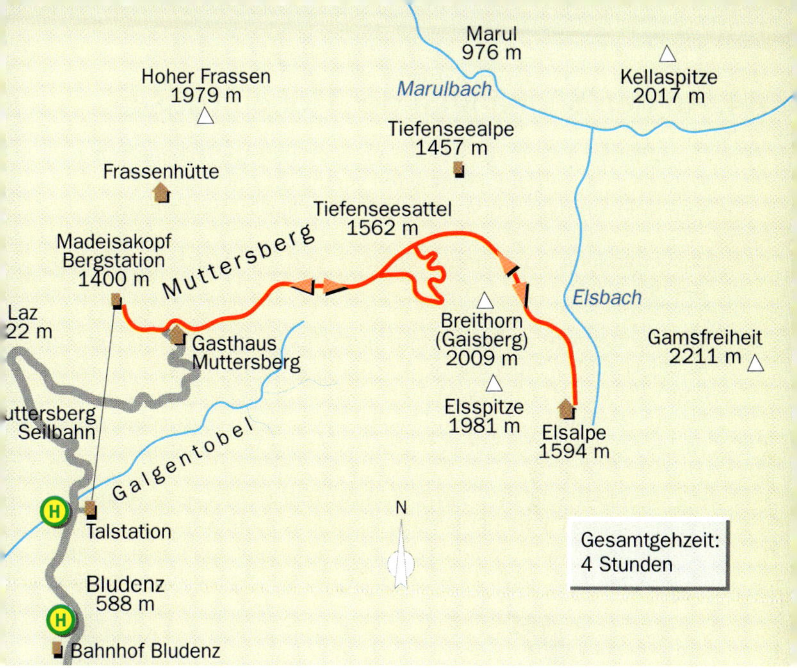

Hier verläßt man den sogenannten „Frassenweg“ und geht rechts auf dem Forstweg in südöstlicher Richtung zum Tiefenseesattel. Erwähnenswert der herrliche Rundblick auf die nahegelegenen Gipfel der Elserspitze und auf das Breithorn.

Tiefenseesattel
Bei der zweiten Wegtafel führt links der Fußweg aufwärts oder – etwas bequemer – entlang dem Forstweg zum Tiefenseesattel.

An diesem Punkt der Wanderung ergibt sich eine herrliche Aussicht zur Kellaspitze, Breithorn und zur Roten Wand. Links unten die Tiefenseealpe, ebenfalls der Tiefblick auf die kleine Walsersiedlung Marul.

Vom Tiefenseesattel gelangt man auf einer fast ebenen Forststraße taleinwärts zur Elsalpe (Wegtafel Richtung Gamsfreiheit). Gesamte Gehzeit zwei Stunden.

Der Rückweg erfolgt auf derselben Route.

Einkehrmöglichkeiten:
am Muttersberg und auf der Elsalpe während der Alpzeit.

44. An den Südhängen des Hohen Frassen

Die offizielle Eröffnung der neuen Muttersberg-Seilbahn mit den wesentlich günstigeren Fahrzeiten veranlaßte mich, eine der schönsten Wanderungen im Vorarlberger Oberland zu beschreiben.

Busverbindung ab Bahnhof Bludenz und Parkplätze an der Talstation.

Von der Bergstation der Muttersbergseilbahn gehen wir rechts am Madeisastüble vorbei auf dem Güterweg ca. 10 Minuten abwärts. oberhalb vom Gasthaus Muttersberg führt der Weg links hinüber bis zur Wegtafel nach dem kleinen Teich. In weiterer Folge gehen wir rechts südöstlich auf dem Forstweg zum Tiefenseesattel.

Hier können wir den herrlichen Ausblick ins Große Walsertal (Marul), gegenüber auf die Kellaspitze, das Breithorn und im Osten auf die Rote Wand genießen. Vor der Wegtafel am Tiefenseesattel biegen wir links nach Westen ab. Leicht ansteigend führt der Weg

 Seilbahn Muttersberg.

kurz durch den Wald, wo der eigentliche Panoramaweg beginnt. Hier oben bietet sich uns eine Aussicht, die an Schönheit kaum mehr zu übertreffen ist.

Unten im Tal liegt die Alpenstadt Bludenz, weiter südlich das Brandner Tal mit der Ortschaft Bürserberg. Im Rätikon sind als herausragende Gipfel Zimba, Schesaplana und Panüeler zu sehen. Bei der Wegtafel oberhalb der Alpweide kann entweder rechts hinauf, in ungefähr einer halben Stunde, der Frassengipfel, oder geradeaus weiter die Frassenhütte, erreicht werden. Der Abstieg erfolgt auf dem Bludenzer Frassenweg zur Bergstation der Muttersbergseilbahn.

Einkehrmöglichkeiten:
in der Frassenhütte und am Muttersberg.

45. Rundwanderweg: Bürs – Bürser Schlucht – Bürserberg – Spial – Bürs

Von der Brandner Straße vor der Alvierbrücke links, am Gemeindeamt vorbei bis zum Elektrizitätswerk im Lug (Parkmöglichkeit).

 Bürser Schlucht.

Nach dem Agrargebäude führt der Weg über Stufen gut gesichert links vom Alvierbach in die dicht bewaldete Schlucht hinein. Der Bach wird mehrmals überquert und nach ca. 40 Minuten Gehzeit führt ein etwas steiler Weg durch den Wald hinauf an die Abzweigung Spial-Kuhlochweg. Wir gehen links bergwärts und gelangen nach kurzer Zeit am Waldrand auf eine Wiese mit einmaliger Aussicht am Bürserberg. Auf der gegenüberliegenden Talseite von links der Walserkamm, im Norden vor uns Muttersberg und der Hohe Frassen, Nordost die Elser Spitzen und Gamsfreiheit, weiter östlich allein stehend der Roggelskopf. Vom Bürserberg geht man den Aufstiegsweg wieder hinunter bis zu der Wegtafel Spial. Auf dem Kuhlochweg links weiter, vorbei am Forstpflanzgarten über Spial durch das Kuhloch (kleine Schlucht) zum Platzgufel mit Grillplatz. Ein kurzes Stück, ca. 30 Meter, bis ans Leitplankenende der Brandner Straße, dort rechts im Wald abwärts nach Bürs.

Gesamtgehzeit: 3 1/4 Std.

Bushaltestellen: nahe der Alvierbrücke in Bürs.

Einkehrmöglichkeit:
am Bürserberg und in Bürs.

46. Rund um den größten Murbruch Europas

Ausgangsort dieser Wanderung ist Bürserberg im Brandner Tal. Wir gehen von der Bushaltestelle Richtung Kirche, nach 50 Meter beim Wegkreuz (Tafel) links auf der Tschenglastraße bergwärts. Oberhalb der Parzelle Baumgarten am Ende einer größeren Steigung verlas-

 Schesa-Murbruch, im Hintergrund der Loischkopf.

sen wir die Fahrstraße und gehen bei der Wegtafel links zu dem einzelnen Bauernhaus. An der Abzweigung (Bank) bietet sich ein herrlicher Ausblick hinunter nach Bludenz und ins Klostertal, im Norden sind der Walserkamm und der Hohe Frassen zu sehen, im Osten der markante Roggelskopf. Zwischen dem erwähnten Bauernhaus und dem Stall führt der Gaschieraweg über Wiesen und Wald hinauf zum Rüfi-Egg, am Rande des Murbruchs vorbei, nochmals kurz durch den Wald zu einem schönen Aussichtspunkt und von dort zur Burtscha-Alpe.

Vor der Alphütte geht es rechts auf dem Burtschaweg weiter hinaus auf die Tschengla/Dunza. Zurück nach Bürserberg wandert man auf einer Fahrstraße (öffentliches Fahrverbot) talwärts, an der Kirche vorbei zum Parkplatz gegenüber der Einhornbahn-Talstation bzw. der Bushaltestelle an der Brandner Straße.

Einkehrmöglichkeiten:
Tschengla/Dunza und Bürserberg.

47. Von Bürs ins schöne Brandner Tal

Ausgangspunkt dieser besonders familienfreundlichen Wanderung ist das Gemeindezentrum nahe der Bushaltestelle Gh. Adler in Bürs.

Über die Obergasse, vorbei an der Kirche St. Martin, gelangt man zum Schaßweg und geht nach dem Haus Nr. 8 bergwärts auf die Schaßwiesen.

Eine Forststraße verläuft größtenteils durch den Wald leicht ansteigend, der Fußweg etwas steiler dem Wasserleitungsrohr entlang und trifft nach etwa einer Stunde Gehzeit beim Wasserschloß auf die Forststraße. Bald erreicht man die Ebene von Maggenz, geht bei der Abzweigung geradeaus eben talein, an der Stachelhofbrücke weiter etwas ansteigend zum Kloster Maiensäß. Von der Jagdhütte rechts am Waldrand mit herrlichem Ausblick zur Zimba führt ein Fußweg hinauf über den Sarotlabach und an der Weggabelung rechts Richtung Hofalpe.

Oberhalb der Alphütte geht es einem Forstweg entlang, den Alvierbach überquerend, hinein nach Brand, oder 100 Meter nach der Holzbrücke (Wegtafel) linksseitig vom Bach, dem Alvierweg

 Rechts vorne der Mottakopf, im Hintergrund die Schesaplana.

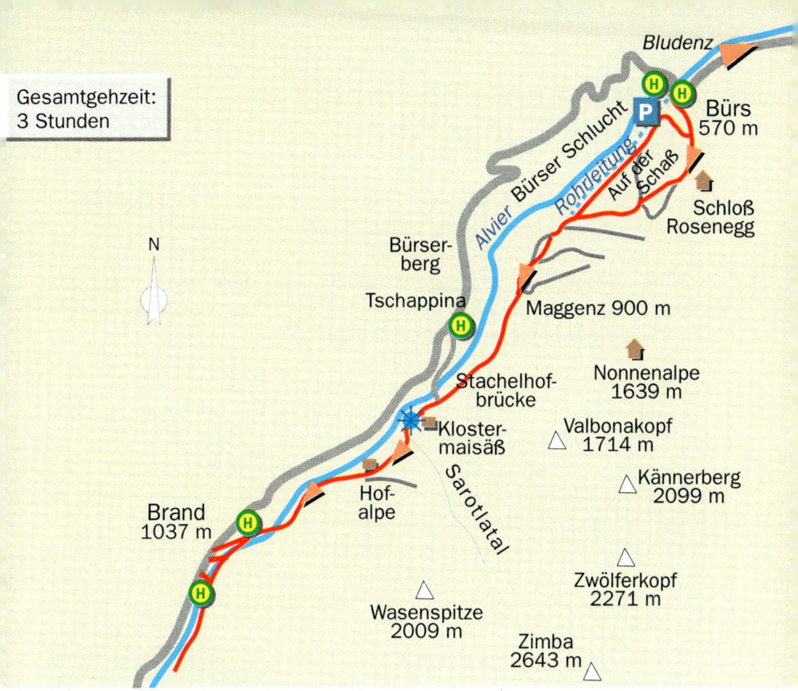

folgend, durch die Parcouranlage bis zum Tennisplatz und dort hinauf ins Ortszentrum von Brand. Retour nach Bürs mit dem Bus.

Parkmöglichkeiten beim Gemeindezentrum in Bürs

Einkehrmöglichkeiten:
Brand und Bürs

48. Von Brand oder Bürserberg zur romantischen Sarotlahütte

Ein bequemer und fast ohne Höhenverlust bis zum Eingang ins Sarotlatal führenden Weg ist der Zugang von Brand aus.

Von der Bushaltestelle Niggenkopfbahn und dem nahe liegenden Parkplatz geht es ca. 50 m talauswärts beim Wegweiser rechts hinunter auf einem Feldweg zum Alvierbach.

Nach der Brücke führt ein Fahrweg über Wiesen und durch Wald zur Hof Alpe, bis sich der Weg mit jenem, der von Bürserberg herführt, am Ausgang des Sarotlatales trifft.

Die zweite Variante ist jene von Bürserberg aus. Von der Bushaltestelle Tschappina (nur beschränkte Parkmöglichkeit) ca. 150 m auf der Brandner Straße taleinwärts biegt der Weg links hinab und führt an einem einzelnen Bauernhaus vorbei zur Stachelhofbrücke. Von dort geht es weiter über den Alvierbach (Wegweiser), rechts an-

 Klostermaisäß, im Hintergrund die Zimba.

steigend zum Klostermaisäß (Blick zur Zimba), am rechten Rand der Wiesen entlang hinauf zur Brücke über den Sarotlabach. Der Markierung folgend wandern Sie weiter hinüber auf die Hof Alpe, wo von rechts der Zugang aus Brand einmündet.

Von der unteren Sarotlaalpe erreicht man nach Durchquerung eines Lärchenwaldes und in weiterer Folge über mehrere Kehren die urige Sarotlahütte am Fuße der Zimba. (Gehzeit von Brand oder Bürserberg 2 1/2 Stunden)

Der Abstieg erfolgt auf demselben Weg in Richtung Brand oder Bürserberg.

49. Brand – Niggenkopf – Burtschasattel – Tschengla – Bürserberg

Brand als Ausgangsort kann von Bludenz mit dem Bus erreicht werden. Der Sommerfahrplan auf dieser Strecke gilt von Mitte Juni bis Anfang Oktober. Die Niggenkopfbahn stellt ihren Betrieb von Anfang Oktober bis zur Wintersaison ein.

Außer den Betriebszeiten kann man zu Fuß von Brand hinter dem Hotel Schesaplana (Tafel) rechtsseitig dem Bach entlang auf dem schön angelegten Waldweg in 1 1/2 Stunden auf den Niggenkopf gelangen, oder etwas bequemer von der Talstation Niggenkopf über die Mittelstation Eggen (Parpfienzweg) zur Inneren Parpfienzalpe (1 1/2 Stunden).

Von der Bergstation Niggenkopf führt unsere landschaftlich schöne und leichte Wanderung hinunter zur Inneren Parpfienzalpe (15 Minuten), bei den Alphütten links weiter auf dem Parpfienzweg erreicht man nach ca. 25 Minuten die Abzweigung (Tafel) Burtschaweg und geht rechts hinüber, vorbei an der Äußeren Parpfienzalpe,

 Schesaplana Panüeler, im Vordergrund das Brandner Tal.

beim Brunnen auf dem Fußweg etwas ansteigend durch den Wald zum Burtschasattel. Von dort wird uns ein Ausblick nach Brand, dahinter Seekopf, Schesaplana und Panüeler geboten.

Vom Sattel weiter, geht es bei der nächsten Wegtafel hinunter zum Güterweg (Abkürzungen) über die Burtschaalpe, dort links hinaus vorbei an der Ronasäge auf die Tschengla (Dunza).

Nach Bürserberg wandert man hinunter auf der Fahrstraße (öffentliches Fahrverbot) an der Kirche vorbei zum Parkplatz bei der Einhornlift-Talstation bzw. Bushaltestelle Brandner Straße (40 Minuten).

Einkehrmöglichkeiten:
Brand, Niggenkopf, Tschengla und Bürserberg.

50. Die schönsten Aussichtspunkte rund um den Lünersee

Mit dem Bus oder Pkw von Bludenz durchs Brandner Tal kann die Lünerseebahn-Talstation erreicht werden.

Von der Douglasshütte (Bergstation) führt unsere Wanderung östlich über den Staudamm, dann in Serpentinen rechts auf eine markante Anhöhe mit großartigem Blick über den Lünersee, bei der folgenden Weggabelung östlich, das letzte Wegstück nordöstlich hinauf zur Lünerkrinne. Beeindruckend ist der Rundblick! Von links: Schafgafall im Norden, die Zimba im Nordosten, im Hintergrund das Rellstal, vor uns die Alpe Lün und im Südosten Zaluanda.

Im Abstieg geht man an die Wegtafel zurück, links über Alpwiesen hinunter zum Lünerseeuferweg bei der kleinen Holzhütte in Richtung Lünerseealpe. Nach dem Verabach links bergwärts, auf dem Gafalljochweg zum höchsten Punkt dieser Wanderung.

Nach einer ausgiebigen Rast am Gafalljoch an der Schweizer Grenze geht es auf der Anstiegsroute talwärts, links an der Lünerseealphütte vorbei, dem Uferweg folgend zum Ausgangspunkt Lünersee-

 Lünersee.

Bergstation. Die Wanderung zum Lünersee ist für bergerfahrene Wanderer mit gutem Schuhwerk problemlos von Schattenlagant über den Bösen Tritt in 1 1/2 Stunden möglich.

Die gesamte Wanderroute befindet sich im Naturschutzgebiet!

Betriebszeiten der Lünerseebahn: von Mitte Mai bis Ende der zweiten Oktoberwoche täglich von 8 bis 17 Uhr.

Einkehrmöglichkeit:
Douglasshütte

51. Der Walser Wanderweg (1. Teil)

Thüringerberg als Ausgangspunkt liegt am westlichen Eingang ins Große Walsertal. Bushaltestelle und Parkplätze befinden sich im Bereich der Kirche und dem Gemeindeamt.

Vom Ortszentrum taleinwärts, an der Tankstelle vorbei, kurz nach der Ortstafel Thüringerberg, verläßt man die Faschinastraße und geht vor dem letzten Haus rechts auf den Walserweg (ca. 10 Minuten). Weiter geht es durchs Rottobel, hinauf zum Sportplatz, an diesem oberhalb rechts hinunter ins Hölltobel und hinüber zum Kloster St. Gerold.

 Kloster St. Gerold.

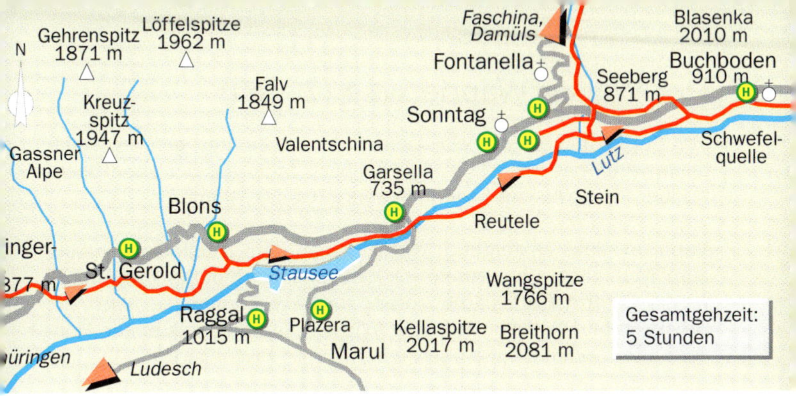

Bei der zweiten Wegtafel unterhalb des Klosters verläßt man bereits wieder die Forststraße nach links über einen Wiesenweg, hinter dem einzeln stehenden Stadel hinab zum Rüfitobel. An den mit Wegtafeln versehenen exponierten Stellen von Thüringerberg bis zum Rüfitobel sollten Kinder an die Hand genommen werden! Nun folgt ein leichter Anstieg vorbei an einem Bauernhaus, dann kurz auf der Fahrstraße und bei der Abzweigung Blons–Raggal rechts abwärts, oberhalb dem Stausee (Tafel nach Garsella) linksseitig taleinwärts, beim Sportplatz links auf die Faschinastraße. In der Parzelle Garsella rechts über die Brücke und am anderen Ufer des Lutzbaches taleinwärts, im folgenden Waldstück, leicht steigend, erreicht man die Holzbrücke Sonntag–Reutele – Tafel (zur Bushaltestelle Sonntag ca. 20 Minuten).

Der Weg führt flach weiter, vorbei am Sportplatz Sonntag, bei der Tafel Stein–Partnum–Steris links über die Brücke und dem Fluß entlang an der Abzweigung (Tafel Küngswald) links hinauf nach Buchboden.

Der gesamte Walser Wanderweg wird von den örtlichen Fremdenverkehrsvereinen bestens betreut und der Walsertaler Heimatpflegeverein hat zahlreiche geschichtliche Tafeln am Weg angebracht, außerdem wurden ausreichend Ruhebänke aufgestellt.

Einkehrmöglichkeiten:
Thüringerberg, St. Gerold, Blons, Raggal, Garsella, Sonntag und Buchboden.

52. Der Walser Wanderweg (2. Teil)

Von der Bushaltestelle beim Gemeindeamt Sonntag geht es weiter taleinwärts, nach der Talstation Seilbahn Stein auf der alten Buchbodner Straße bis zur Säge in Seeberg (ca. 20 Minuten).

Von dort, links ansteigend, wandert man dem Mühleweg entlang zum Mühlehof, vor diesem ca. 100 m links hinüber und weiter rechts unterm Gadastättle vorbei zur Säge Fontanella. Nach der Brücke geht es links hinauf, über Wiesen unterhalb den ersten Häusern, die Faschinastraße überquerend, zum Faschinajoch.

Auf dem alten Fahrweg der Galerie entlang gelangt man hinunter zum Argenbach über die Fahrstraße (Damüls–Faschina) und von dort dann leicht ansteigend nach Damüls-Kirchdorf.

Der große Walserweg führt nach Vorarlberg. Die Walser kamen im 13. und 14. Jahrhundert vom Prättigau her über das Schweizer Tor im Rätikon ins Brandnertal nach Vorarlberg. Über das Große Walsertal wanderten sie bis nach Hochkrumbach und ins Kleine Walsertal.

Einkehrmöglichkeiten:
Sonntag, Faschina, Damüls und Fontanella.

 Rechts Zafernhorn, links Faschina, im Hintergrund Mittagsspitze.

Gesamtgehzeit:
3 Stunden
N
Damüls
1431 m
Faschina Joch
1486 m
Zafern Horn
2107 m
Glatthorn
2134 m
Blasenka
2010 m
Fontanella
Buch-
boden
Seeberg
871 m
Sonntag
Gehrenspitz
1871 m
Löffelspitze
1962 m
Falv
1849 m
Kreuz-
spitz
1947 m
Gassner
Alpe
Valentschina
Garsella
735 m
Lutz
Seilbahn
Stein
Reutele
Blons
St. Gerold
877 m
Stausee
Wangspitze
1766 m
Kellaspitze
2017 m
Raggal
1015 m
Plazera
Marul
Breithorn
2081 m
Ludesch

Damüls.

53. Rundwanderung: Raggal – Nitzkopf – Hoher Frassen – Klesialpe – Raggal

Das am Nordhang des Hohen Frassen liegende Walserdorf Raggal kann vom oberen Walgau über Ludesch mit Bus oder Pkw erreicht werden.

Diese Wanderung hat einen beachtlichen Höhenunterschied von knapp 1000 m, erfordert deshalb für die gesamte Umrundung eine gute Kondition und Trittsicherheit im Abstieg von der Klesialpe. Sollte es diesbezüglich nur bis zum Hohen Frassen reichen, empfehle ich auf der Aufstiegsroute nach Raggal oder Muttersberg abzusteigen.

 Raggal, im Hintergrund der Hohe Frassen.

Vom Parkplatz geht man vor der Kirche hinauf zur Fahrstraße, dort links und bei der folgenden Tafel nach etwa 100 Metern rechts auf einem Wiesenweg Richtung Hoher Frassen. Nun folgt man dem Weg durch den Hochwald, mehrmals die Forststraße überquerend zu dem großartigen Aussichtspunkt am Nitzkopf mit Blick in den Rätikon und Walgau. In südlicher Richtung verläuft der Weg ohne nennenswerte Steigung durch Latschenhänge hinüber zur Frassenhütte, zweigt dort links ab und nach einer bisherigen Gehzeit von 3 Stunden wird der Hohe Frassen erreicht, einer der schönsten Aussichtsberge Vorarlbergs. Der Abstieg erfolgt östlich dem Grat entlang (etwa 10 Minuten) beim Wegweiser links über Alpweiden hinunter bis an die Abzweigung beim Brunnen. Dort links an der Klesialphütte vorbei abwärts in den Frassenwald, teils auf der Forststraße und nach dem Schranken rechts, dem Anstiegsweg folgend, zum Ausgangspunkt Raggal.

Einkehrmöglichkeiten:
Frassenhütte, Raggal.

54. Familienwanderung Sonntag – Stein – Partnum im Großen Walsertal

Mit der neuen Gondelbahn wird eines der schönsten Wandergebiete im Großen Walsertal erreicht. Bushaltestelle und Parkplatz an der Talstation.

Von der Bergstation Stein rechts oberhalb des Restaurants führt ein Fußweg über Wiesen und Alpweiden hinauf zur Partnumalpe. Die Gehzeit beträgt eine Stunde. Die gegenüberliegende Sonnenseite bietet einen großartigen Blick zum Walserkamm, Fontanella mit Faschina, im Hintergrund Damülser Mittagsspitze.

Geübte Bergsteiger können zusätzlich in zirka zwei Stunden hin und zurück den Aussichtsberg Glattmar besteigen. Ein Fußweg führt von der unteren Partnum-Sennerei am Brunnen vorbei in eine Mulde, dann rechts steil hinauf zur Sessellift-Bergstation (nur Winterbetrieb), von dort weiter über den Kamm zum Gipfel. Wir wandern bergseitig vorbei an der Wandfluhhütte auf einem Güterweg

 Sonntag-Stein.

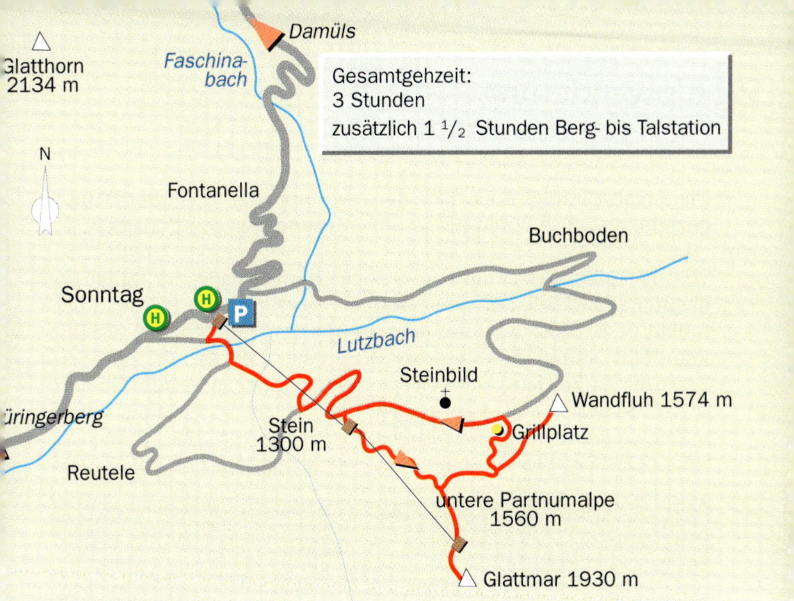

einige Minuten östlich, bis bei der Tafel ein Alpweg geradeaus und dann links hinaus ein Fußweg zur Wandfluh führt.

Am höchsten Punkt dieser Wanderung angelangt, erwartet uns der nächste schöne Rund- und Tiefblick. Im Osten, auf der gegenüberliegenden Seite des Hutlatales, die Wangspitze, im Nordosten der Schadonapaß und die Biberacher Hütte, dahinter der Widderstein, im Norden von links das Zafernhorn, Blasenka, Zitterklapfen und im Westen kann man bei guter Sicht die Schweizer Berge sehen, vor uns unten im Tal die Ortschaft Sonntag.
Auf demselben Weg gehen wir retour bis zur Abzweigung, dort rechts abwärts und bereits hinter dem Schranken ist der schön angelegte Grillplatz. Das restliche Wegstück führt zwanzig Minuten westlich talauswärts, vorbei am Maiensäß Steinbild zur Bergstation.

55. Alpwanderung rund um das Zafern Horn

Die Anfahrt erfolgt entweder mit dem Bus oder Pkw über Damüls beziehungsweise durch das Große Walsertal zum Faschinajoch.

Vom Parkplatz geht man zunächst ca. 1 km entlang der Fahrstraße Richtung Fontanella. Vor dem Tunnel rechtsseitig bis vor die Stutztobelbrücke, dort beginnt links bergwärts der Alpweg. Geübte Wanderer gehen nur kurz abwärts, nach der Kapelle auf dem Zafernweg den Hang hinüber, queren das Tobel und erreichen nach ca. 30 Minuten den Alpweg. Auf diesem führt der Weg, weiter mäßig steigend, vorbei am Brüche- und Zafern-Maisäß. Etwas abseits östlich ist die Bärenalpe und vor uns im Norden das Zafern-

 Ausgangspunkt am Faschinajoch.

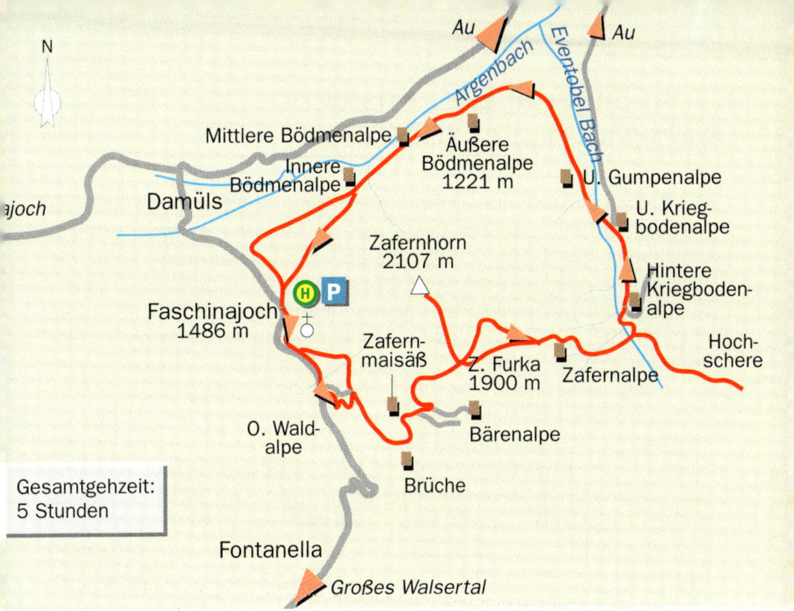

horn. Nach knapp zwei Stunden Gehzeit gelangt man auf den höchsten Punkt dieser Wanderung, das Zafera Fürkele. Eine ausgiebige Rast und der großartige Rundblick ins Große Walsertal, in das Lechquellengebirge und in den Bregenzerwald belohnen den Aufstieg.

Geübte Wanderer haben die Möglichkeit, vom Fürkele das Zafernhorn zu ersteigen. Wir gehen auf die bereits sichtbare Zafernalpe hinunter, nach den Alphütten rechts über den Bach weiter abwärts zu der Hinteren Kriegbodenalpe. Hier trifft man wieder auf einen Alpweg, geht bei der Unteren Kriegbodenalpe links, quert den Evenbach und wandert vorbei an der Unteren Gumpenalpe talaus zu den drei Bödmenalpen.

Von der Inneren Bödmenalpe kann man vor der Alphütte links, auf einem Fußweg oder dem Alpweg folgend, wieder den Ausgangspunkt, das Faschinajoch, erreichen.

Diese landschaftlich schöne Tagestour erfordert etwas Kondition, da acht Alpen und zwei Vorsäße durchwandert werden.

Einkehrmöglichkeit:
in Faschina, während der Alpzeit von Ende Juni bis Mitte September auf den Alpen, zu denen unsere Wanderung führt.

56. Vom Silbertal über Kristberg aufs Mutjöchle (2074 m)

Die Ortschaft Silbertal kann mit der Montafonerbahn von Bludenz und ab Schruns mit dem Bus in ca. 30 Minuten bequem erreicht werden (ja, Sie haben richtig gelesen – die Zeit stimmt!). Sollte die Anfahrt mit dem Pkw erfolgen, ist reichlich Parkmöglichkeit bei der Kristbergbahn. Die Wanderung beginnen wir an der Bergstation, links hinüber zu den Wegtafeln, vor der Agatha-Kapelle rechts hinauf zum Kristbergsattel (15 Minuten). Vom Kreuz (Wegtafel) geht es rechts nach Osten am Rand der Skipiste entlang hinauf, nach dem Lifthäuschen leicht abwärts und dann durch einen Wald links empor.

Nach ca. 1½ Stunden erreicht man die Waldgrenze und wird von einer großartigen Bergwelt überrascht. Der Weg führt auf einem breiten, begrünten Gratrücken weiter auf dem Gipfel. Hier bietet sich eine einmalige Rundsicht ins Verwall mit der nahe liegenden Silbertaler Lobspitze, das Klostertal mit den schönen Gipfeln im Lechquellengebirge und dem Rätikon.

 Bergknappenkirchlein St. Agatha.

Der Abstieg erfolgt bis zur Tafel (Abkürzung Bergstation) auf demselben Weg. Von dieser Abzweigung kann man links hinunterwandern, oder etwas ansteigend wieder über die Skipiste zum Kristbergsattel und von dort links hinüber zur Bergstation.

Gesamtgehzeit: 4 Stunden

Einkehrmöglichkeiten:
Auf dieser Wanderung sind nur am Kristberg und im Silbertal Einkehrmöglichkeiten.

57. Auf dem Geologischen Lehrwanderweg von Bartholomäberg über Rellseck nach Monteneu

Die Wanderung verläuft größtenteils auf dem geologisch interessanten Lehrpfad, der 1978 angelegt und mit leicht verständlichen Tafeln versehen wurde.

Gegenüber der Kirche Bartholomäberg bergwärts, vorbei an der Schule bei der Weggabelung (Tfl. Rellseck), links auf dem Sträßchen zum Haus Linde, dort weiter über Bergwiesen und durch Wald auf Fußweg zum Rellseck mit großartigem Rundblick. Oberhalb dem Gasthaus geht man beim Alpkreuz auf dem Fußweg nach Osten leicht ansteigend durch den Wald und auf Alpweiden Richtung Monteneu. Kurz nach der Jagdhütte, die etwas abseits im Wald unten steht, folgt eine Abzweigung, die einen vorzeitigen Abstieg nach rechts zum Fritzensee ermöglicht. Wir gehen links hinauf und erreichen nach etwa 2 1/2 Stunden Monteneu, den höchsten Punkt unserer Tour, und genießen den herrlichen Rund- und Tiefblick.

Im Westen die Vandanser Steinwand, Zimba und Rellstal, im Südwesten und Süden das Golmerjoch, das Gauertal und im Hinter-

 Gauertal, im Hintergrund die Drei Türme und Sulzfluh.

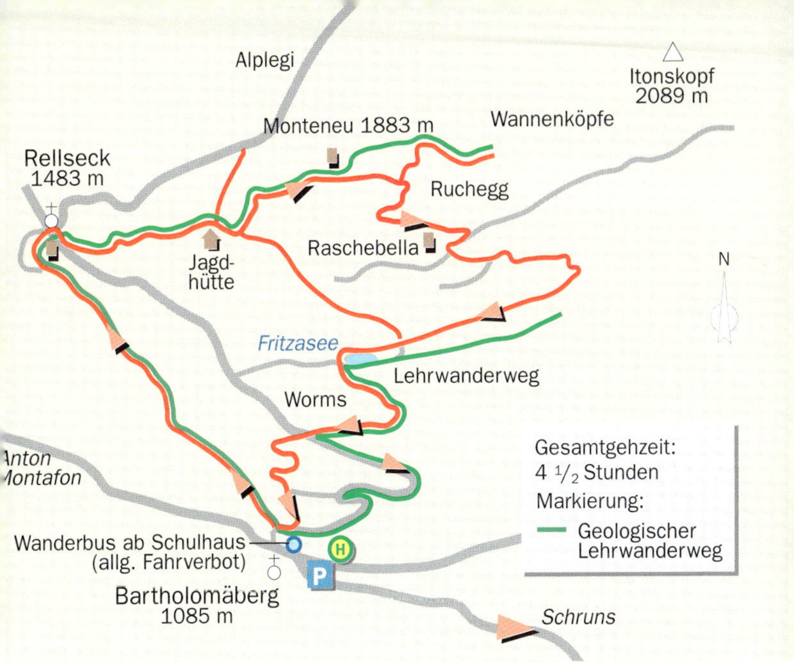

grund Drusenfluh, Drei Türme und die Sulzfluh, vor uns im Tal Schruns und Tschagguns.

Ab Monteneu verlassen wir den Geologischen Wanderweg, gehen weiter nach Osten Richtung Itonskopf zum Ruchegg, dort rechts abwärts bis Raschebella und auf einem Forstweg bis ans untere Ende vom Fritzensee. Unmittelbar nach dem See sind zwei Tafeln an der Hütte angebracht, die uns zeigen, daß wir wieder auf dem Geologischen Wanderweg sind.

Der gelben Markierung folgend geht es über Wiesen bergab zu der Tafel 23 am Waldrand, dort weiter durch den Wald erreicht man die Fahrstraße, dieser entlang hinunter oder auf einem teils steilen Fußweg (Abkürzung) nach Bartholomäberg.

Bushaltestellen: gegenüber dem großen Parkplatz bei der Kirche. Ab Schule Bartholomäberg (oberhalb der Kirche) besteht Fahrverbot. Wanderbus von Bartholomäberg zum Rellseck sowie öffentlicher Busanschluß in Schruns.

Einkehrmöglichkeit:
Gasthaus Rellseck und in Bartholomäberg

58. Rundwanderung an den Südhängen des Itonskopfs und des Schwarzhorns

Ausgangspunkt dieser Wanderung im westlichen Teil der Verwallgruppe ist Innerberg, erreichbar mit dem Bus oder Pkw von St. Anton i. M. oder Schruns über Bartholomäberg.

Vom Parkplatz hinter der Kirche Innerberg geht man taleinwärts, bei der Bushaltestelle Gh. Mühle zeigt eine Wegtafel links Richtung Itonskopf–Falle. Einem Fahrweg folgend geht es westlich mit großartigen Ausblicken in den Rätikon leicht ansteigend zu Amas Lucka. Von der Abzweigung führt ein Fußweg rechts durch schattigen Hochwald, später über Bergwiesen auf Amas Legi. Beim Gatter rechts verläuft der Wanderweg östlich, vorerst eben, dann nur mit kurzen, leichten Anstiegen hinüber nach Ganzaleita und Kristberg.

Von der Wegtafel Ganzaleita sind es fünf Minuten links ansteigend zum Aussichtspunkt, mit Blick ins Klostertal und den gegenüber-

 Kirche Innerberg.

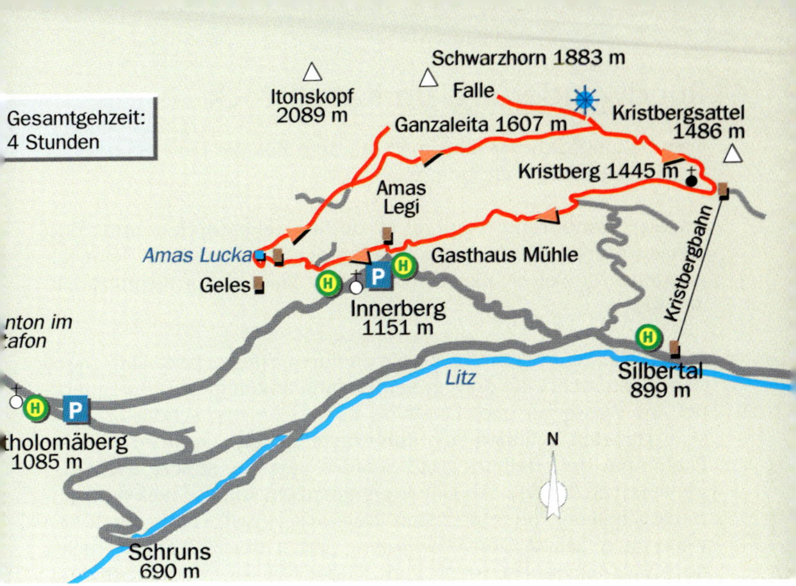

liegenden markanten Bergen im Lechquellengebiet: von links der Roggelskopf, die Rote Wand und Saladinaspitze.

Auf demselben Weg geht man wieder retour zur Abzweigung, von dort erfolgt der weitere Abstieg nach Kristberg. Besonders erwähnenswert ist das kunsthistorische Knappenkirchlein St. Agatha.

Ab Kristberg auf einem Fahrweg hinunter bis zur Schranke, dort rechts talaus an den Ausgangspunkt Innerberg.

Einkehrmöglichkeiten:
Kristberg, Innerberg und Bartholomäberg.

59. Rundwanderung am Kapellstock

Vom Bahnhof Schruns fährt man mit dem Bus der Linie 85 oder 87 bis zur Haltestelle Landbrücke.

Unsere Wanderung beginnt in der Parzelle Stiefen und führt zunächst zirka 100 Meter linksseitig der Ill taleinwärts. Beim folgenden Wegweiser über einen Fußweg links hinauf Richtung Lifinar–Kropfen.

Ab dem letzten Bauernhaus geht es durch Wiesen bergwärts, nach dem Bach rechts auf dem in Serpentinen angelegten Fußweg, vorbei am Wasserfall über Limat bis Lifinar. An den schönsten Aussichtspunkten befinden sich Ruhebänke um das herrliche Rätikon-Panorama, den Tiefblick nach Schruns und das äußere Montafon genießen zu können. Ab Lifinar geht man ein kurzes Stück dem Güterweg entlang, beim nächsten Wegweiser (Bank) links durch den Wald nach Galzig. Dort eben weiter, hinter der Holzbrücke rechts nochmals leicht ansteigend zum Rieder Maisäß, an den höchsten Punkt dieser Wanderung. Über einen Alpweg talaus wird nach 2 $^{1}/_{2}$ Stunden die Mittelstation Kropfen erreicht. (Hier besteht die Möglichkeit mit der Hochjochbahn ins Tal zu fahren. Die Hochjochbahn ist bis Oktober in Betrieb.)

 Maisäß Lifinar.

Unser Abstieg führt vom Kropfen der Fahrstraße entlang talwärts, nach 5 Minuten Gehzeit zweigt beim Gatter rechts die Forststraße ab, dieser folgt man bis zum nächsten Wegweiser, geht dort links hinunter auf Both's Maisäß am Hoha. Von der einzeln stehenden Hütte geht es durch ein Waldstück zu dem Aussichtspunkt mit Blick ins Silbertal und Kristbergsattel. Ab dem Maisäß Hoha steigen wir links durch den Hochwald ab bis zur Abzweigung O. Brief, dort nicht links auf der Fahrstraße, sondern eben talein vorbei an den Häusern von Lutza, hinunter übers Vermalatobel zur Parzelle Schöffl. Hier gibt es zwei Möglichkeiten: entweder rechts ins Silbertal, Bushaltestelle Hofstatt bei der Säge, 10 Minuten, oder links talaus auf einem schönen Fußweg nach Schruns.

Parkmöglichkeiten: Gegenüber der Volksschule (Gemeindeamt) und bei der Hochjochbahn-Talstation.

Einkehrmöglichkeiten:
am Kropfen bis Anfang Oktober (Dienstag Ruhetag) und in Schruns.

60. Über den Sennigrat zum Kreuzjoch

Ausgangspunkt einer der schönsten Wanderungen im Montafon ist die Talstation der Hochjochbahn. Der Bahnhof Schruns und die Bushaltestelle sind knapp 10 Minuten entfernt, ein großer Parkplatz befindet sich gegenüber der Talstation.

Mit der Seilbahn gelangt man zur Kapellalpe. Von der Bergstation geht es links bergwärts am Alpkreuz vorbei, dann rechts auf einem schön angelegten Weg zum Sennigrat. Mit entsprechender Kondition erreicht man nach 1¼ Stunden problemlos die Bergstation des Sennigratliftes und nach einer weiteren ¼ Stunde (fast eben) die Wormser Hütte. Familien empfehle ich den Sessellift zu benützen, aber nur eine einfache Fahrkarte zu lösen, da wir auf dem Seeweg retour gehen.

 Schwarzsee.

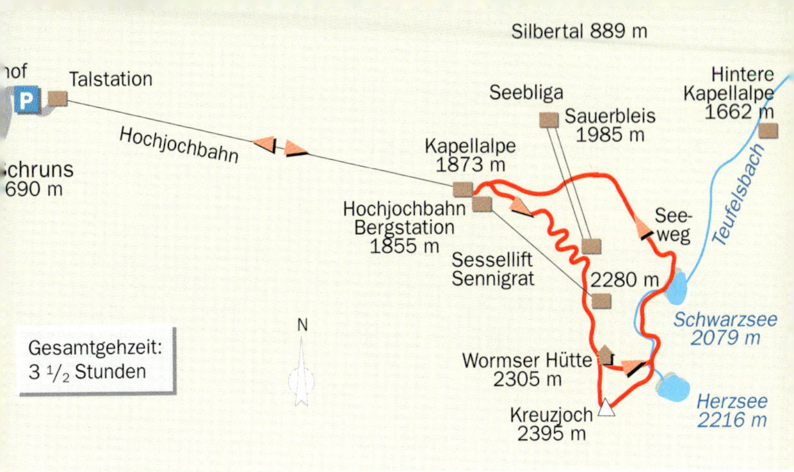

Bei der Hütte (Tafel) führt ein markierter Steig zu unserem höchsten Ziel, dem Kreuzjoch, hinauf (25 Minuten). Oder Sie können auch bei der Hütte links hinüber und dann rechts zum Kreuzjochsattel und von dort bequem zum Kreuzjoch gehen. Hier oben hat man einen Rundblick auf Rätikon, Silvretta und Verwall.

Der Abstieg erfolgt südöstlich hinunter zum Kreuzjochsattel (2380 m) in Richtung Wormser Hütte. Bei der Abzweigung (Tafel) Seeweg rechts hinab, vorbei am Herzsee, zwischen Hochjoch und Sennigrat dem Bach entlang talwärts zum Schwarzsee. Unterhalb des Sees bietet sich ein interessanter Blick ins Silbertal, Bartholomäberg, Kristberg und im Hintergrund von links auf den Itonskopf, die Rote Wand und das Mutjöchle.

Der Weg führt nun an den Steilhängen links hinunter auf die Alpweiden der Vorderen Kapellalpe und Sauerbleis. Ab der Wegtafel „Bergstation Kapell" geht es nach Westen an den Liftanlagen vorbei, beim Alpkreuz (Bank) links hinunter zur Bergstation Kapell.

Einkehrmöglichkeiten:
Wormser Hütte und Bergrestaurant Kapell.

61. Wanderungen vom Golm ins Gauertal

Die Mittelstation der Golmerbahn in Latschau kann man mit dem Bus oder Pkw über Tschagguns erreichen. Bushaltestelle und Parkplatz an der Golmerbahn.

a) Latschätzer Höhenweg (leicht)
Von der Bergstation Grüneck zunächst kurz bergwärts, bei der Tafel Latschätzerweg links den Alpenrosenhängen östlich entlang des Golmergrates, dann abwärts zur Alpe Latschätz.

b) Golmer Höhenweg
Das ist eine der schönsten Wanderungen im Montafon. Anfangs verläuft dieser Weg parallel zum Latschätzerweg, führt dann etwas steiler auf das Golmer Joch, über den Latschätzkopf und weiter zum Kreuzjoch, das von nicht Geübten links umgangen werden kann. Entlang dem Höhenrücken ergeben sich unvergeßliche Eindrücke von den umliegenden Berggipfeln. Im Nordwesten sieht man die Zimba, davor das Rellstal, im Süden die Drusenfluh, Drei Türme, Sulzfluh und im Vordergrund die Geißspitze.

 Im Hintergrund Drei Türme und Drusenfluh, vorne die Geißspitze.

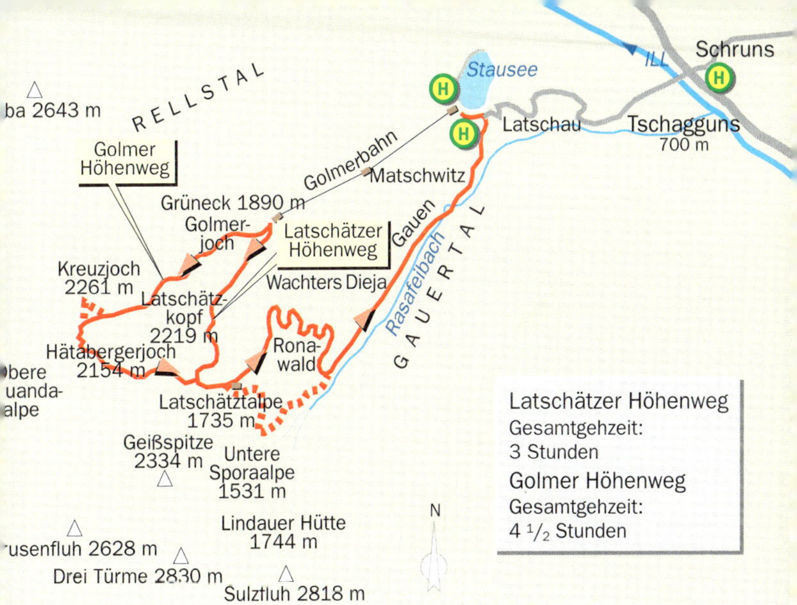

Südlich vom Kreuzjoch bei der Wegtafel Latschätzalpe–Lindauer Hütte zweigt ein Weg links ab, der in ein kleines Hochtal zur Latschätzalpe hinunterführt.

Von den Alphütten ist derselbe Wegverlauf ins Gauertal wie bei der leichteren ersten Variante durch den Ronawald. Geübte Wanderer können den Fußweg benützen und bei der untersten Latschätzalphütte rechts ca. 100 Meter weglos, dann dem Graben entlang rechtsseitig teils steil und schmal hinüber zur unteren Sporaalpe, vor den Alphütten weiter abwärts links ins Gauertal, dort talauswärts nach Latschau.

Einkehrmöglichkeiten:
Golm-Grüneck, Latschätzalpe (während der Alpzeit), Gauertal und Latschau.

62. Rundwanderung: St. Gallenkirch – Balbier-Wasserfall – Gortipohl – St. Gallenkirch

St. Gallenkirch liegt in einem großen Touren- und Wandergebiet. Bekannte Berge in den drei Gebirgsgruppen Rätikon-, Verwall und Silvretta sind im Norden die Zamangspitze und Scheimersch, im Nordosten Grappes und Zapfkopf, am Talende die auffallende Pyramide der Vallüla, im Westen die Gweilspitze und das Reutehorn.

Vom Ortszentrum, gegenüber der Kirche, geht man etwa 15 Minuten den Ziggamweg bergwärts. Hier oben an der Abzweigung (Beginn des Wiesenweges) geht es eben taleinwärts, nach dem Haus Angelika hinunter zum Ferienheim Maria Hilf. Nach der Überquerung des Montielweges geht man durch schöne Wiesen, abseits des Verkehrs bis zu den letzten Häusern der Parzelle Gant. Vor der Holzbrücke leicht ansteigend dem Damm entlang, wird dann nach etwa einer Stunde Gehzeit der Balbier-Wasserfall erreicht.

 Am Weg zum Wasserfall.

Der Rückweg führt uns ostseits am Damm abwärts, vorbei an einem Grillplatz und dem schön angelegten Spielplatz zur Montafoner Straße in Gortipohl. Von dort in Richtung Ill (Tennisanlage) und nach der Illbrücke auf dem Illweg (Tafel beachten) immer am linken schattigen Fußweg talauswärts bis zu den alten Geißställen. Das letzte Wegstück führt uns dann über die Illbrücke leicht ansteigend hinauf zur Ortsmitte von St. Gallenkirch.

Busverbindungen: ab Schruns. Parkmöglichkeit: im Ortsbereich.

Einkehrmöglichkeiten:
Gortipohl und St. Gallenkirch.

63. Gargellen – Schafberg – St. Antönier Joch – Riedkopf – Gargellen

Gargellen ist erreichbar mit der Montafonerbahn von Bludenz nach Schruns, dort per Bus nach Gargellen oder mit dem Pkw über Bludenz–Schruns.

Ausgangspunkt der Wanderung ist die Bergstation der Schafberg-Lifte. Zunächst geht man nordwestlich hinauf zu einer Wegtafel, die uns Richtung und Gehzeit zum St. Antönier Joch und Riedkopf zeigt. Entlang einer breiten Skipiste geht es kurz abwärts bis an die nächste Abzweigung (Tafel), dort links ansteigend in 1 1/2 Stunden auf das St. Antönier Joch.

Da der Gratweg zum Riedkopf Trittsicherheit und Schwindelfreiheit erfordert, gehen weniger Geübte vom St. Antönier Joch ca. 15 Minuten den Anstiegsweg bis zum Wegweiser retour, dann links

 Im Hintergrund der Riedkopf.

zur Gargellner Alpe hinunter. Hier gibt es zwei Möglichkeiten, entweder ab Mittelstation mit dem Lift ins Tal zu fahren oder durchs Gargellner Alptobel über Rüti nach Gargellen abzusteigen. Der Abstieg vom Riedkopf führt nach einem ausgiebigen Rundblick auf Rätikon, Silvretta und Schweizer Berge zurück an die Wegtafel unterhalb des Gipfels, nach Osten absteigend zur grünen Kuppe des Täscher, bei der folgenden Abzweigung südwestlich über die Gargellner Alpe – Gargellner Alptobel – Rüti – Gargellen.

Sommerfahrplan Schafberglifte: ab 8 Uhr halbstündlich, kurze Mittagspause, letzte Talfahrt 16.30 Uhr

Aussichtspunkte: Schafbergplateau, St. Antönier Joch, Riedkopf und Täscher.

Einkehrmöglichkeit:
Bergstation Schafberghüsle, Mittelstation Kesslhüsle, Gargellen.

64. Von Gargellen über den Schafberg zum Gandasee

Die Auffahrt an den Ausgangspunkt dieser Wanderung erfolgt mit dem Schafberglift in zwei Sektionen auf das Schafbergplateau.

 Madrisa, im Vordergrund der Gandasee.

Gesamtgehzeit:
2 3/4 Stunden

Der Weg führt von der oberen Bergstation (Schafberghüsli) nach Süden eben hin, dann abwärts zu dem bereits sichtbaren See, der am Nordfuß der mächtigen Madrisa liegt.

Vom Gandasee geht es nordöstlich zur Skipiste, dieser entlang hinunter und nach der dritten Kehre Richtung Obwaldhütte. Der weitere Abstieg verläuft ab der Obwaldhütte links am Lifthäuschen vorbei, ein Tobel querend, talwärts zur Mittelstation.

Von der Gargellner Alpe, in der Nähe der Liftstation, zweigt unmittelbar hinter den Alphütten der Fußweg hinunter ins Gargellner Alptobel ab.

Etwas bequemer geht man zirka zehn Minuten taleinwärts bis zur Abzweigung Tafel St. Antönier Joch, dort rechts abwärts, wo die zwei Wege auf der anderen Bachseite zusammentreffen. Den Rest unserer schönen Wanderung gehen wir durch ein Waldstück, über Bergwiesen vorbei am Haus Rüti ins Ortszentrum von Gargellen oder bei den obersten Häusern direkt zur Talstation.

Parkmöglichkeiten an der Talstation.

Einkehrmöglichkeiten:
Schafberghüsli, Obwaldhütte, Gargellener Alpe und Gargellen.

65. Gantekopf – Garfrescha – retour durch das Vermieltal zur Bergstation Versettla

Ausgangspunkt ist Gaschurn an der Versettla-Talstation. Die Sesselbahn bringt uns über zwei Sektionen in eine herrliche Gebirgslandschaft auf 2010 Meter.

An der Bergstation weist eine Tafel in nördlicher Richtung zum Gantekopf. Einem Bergrücken entlang verläuft der gut markierte Gantekopfweg und bietet beeindruckende Rund- und Tiefblicke. Im Westen das Skigebiet Silvretta Nova, im Nordwesten Schruns, im Norden von links die Zamangspitze, das Hochjoch und Scheimersch, vor uns im Tal Gortipohl und Gaschurn.

 Gantekopf, im Hintergrund Zamangspitze und Hochjoch.

Der gesamte Höhenweg ist beidseitig mit Alpenrosen bewachsen. Sollte die bisherige Gehzeit von etwa 1½ Stunden ausreichen, kann die Garfreschabahn ins Tal benützt werden.

Wir gehen nach einer ausgiebigen Rast beim Alpengasthof Garfrescha auf dem Novaweg in südlicher Richtung durch das romantische Vermieltal bis zu den Lift-Talstationen, dort links hinauf, entweder über den Güter- oder den Fußweg zur Bergstation.

Während der Talfahrt kann man abschließend noch den Blick in das gegenüberliegende Valschavieltal und im Osten den Talabschluß genießen.

Parkmöglichkeiten: an der Versettlabahn-Talstation und Garfreschabahn.

Bushaltestelle: gegenüber der Talstation Versettla.

Einkehrmöglichkeiten:
Nova Stoba, Garfrescha, Gaschurn und St. Gallenkirch.

66. Vom Zeinisjoch über Verbella-Alpe – Wiegensee zur Tafamuntbahn-Bergstation

Die schöne Wanderung beginnt mit einer Busfahrt. Abfahrt in Partenen, Haltestelle Post Partenen. Da nur einmal am Tag ein Bus Richtung Kopsstausee fährt, ist eine rechtzeitige Anreise mit dem Privat-Pkw empfehlenswert.

Die einstündige Busfahrt auf der Silvretta-Hochalpen- und Kopser Straße vermittelt uns einen wunderbaren Blick zu den bekannten Dreitausendern der Silvretta, z. B. Gr. Litzner, Gr. Seehorn, Schattenspitze und Piz Buin. Nach Erreichen der Bielerhöhe geht es abwärts über Kleinvermunt, wo dann diese eindrucksvolle Fahrt bei der vorletzten Bushaltestelle (Zeinisjochhaus) endet.

Wir gehen zunächst eben hinüber und vor dem Parkplatz beim Zeinisjochhaus links bergwärts. (Tafel an der Garage „Zur Heilbronner Hütte.) Auf einem breiten Wanderweg geht man oberhalb am Zeinissee vorbei, erreicht die höchste Stelle dieser Wanderung und ist nach zirka einer Stunde auf der Verbella-Alpe.

 Blick vom Verwall in die Silvretta, Großer Litzner, Großes Seehorn.

Vor den Alphütten verlassen wir bei der Tafel Wiegensee–Gaschurn den Weg zur Heilbronner Hütte und gehen links über die Alpwiese, rechtsseitig des Verbellabaches dem Hang entlang zum Wiegensee (bisherige gesamte Gehzeit zirka zwei Stunden).

Vom See führt der Weg weiter nach Westen, vorbei an den Südhängen der Versalspitze hinunter zur Tafamuntbahn-Bergstation. 1 1/2 Stunden. Mit der Fahrt nach Partenen endet unsere leichte Höhenwanderung am Ausgangspunkt.

Einkehrmöglichkeiten:
Bergstation Tafamunt, Partenen, und bis Anfang September auf der Verbellaalpe.

67. Von der Bielerhöhe ins Klostertal (Silvretta)

Diese Wanderung in ein noch ruhiges Tal beginnt an der Bushaltestelle Bielerhöhe.

Über die westliche Staumauer geht man bis an das Südende vom Silvrettasee, dort über die Brücke und bei der folgenden Abzweigung rechts auf einem breiten Wanderweg entlang des romantischen Klostertalbaches teileinwärts. Unser Ziel ist die nicht bewirtschaftete Klostertalhütte und deren Umgebung mit herrlichem Ausblick – im Westen der Großlitzner, am Talende der Klostertaler Gletscher und im Südwesten die Schwarze Wand.

 Piz Buin.

Der Weg zur Hütte ist nicht markiert, sie kann aber trotzdem in zirka zwei Stunden bequem erreicht werden. Der Rückweg bis oberhalb des Stausees erfolgt auf derselben Route, dann gehen wir rechtsseitig vom See hinaus auf die Bielerhöhe. Mit dem Boot kann die Gehzeit um drei Viertelstunden verkürzt werden, außerdem ist es als Abschluß noch ein besonderes Erlebnis.

Busverbindungen: ab Schruns.

Einkehrmöglichkeit:
nur auf der Bielerhöhe.

68. Von Bludenz nach Braz ins Klostertal

Die abwechslungsreiche Wanderung beginnt bei der Daneubrücke unterhalb der Muttersbergseilbahn-Talstation.

Nur ein kurzes Wegstück folgt man dem Furklaweg, geht dann am Kühberg geradeaus auf dem Ferdinand-Gaßner-Weg zum großen Rastplatz Hinterebene.

Das bisherige Wegstück wurde als Waldlehrpfad mit ca. 60 Hinweistafeln angelegt, die uns über wichtige Baum- und Sträucher-

 Blick vom Gastastigele zum Roggelskopf.

arten des heimischen Waldes aufmerksam machen. In der Nähe des Rastplatzes ist der schönste Aussichtspunkt über die Stadt Bludenz am Montikel.

Unser Weg führt weiter zur Haldenrüfi durch den Rungeliner Wald, vorbei am Lawils Brünnele zur Weggabelung Rungelin, von dort zum nahen Gastastigele, dem höchsten Punkt (830 m) der Wanderung.

Von der Wegtafel geht es durch den Wald am linken Wiesenrand abwärts, dann links zwei Tobel querend bis zu dem einzelnen Bauernhaus in Grubs, vor diesem links aufwärts beim Gatter rechts über die Brazer Allmeinwiesen, vorbei am Allmakreuz, abwärts in den Brazer Winkel durch die Bahnunterführung zu den Bushaltestellen an der Klostertaler Straße.

Parkmöglichkeit: an der Talstation Muttersbergseilbahn.
Bushaltestelle in Bludenz: am Bahnhof Bludenz oder Postamt bis Daneubrücke.
Bushaltestelle in Braz: Gasthof Traube und Braz, Abzweigung Bahnhof.

Einkehrmöglichkeit:
in Braz.

69. Auf dem Brazer Lehrwanderweg zum Masonwasserfall

Die Anfahrt erfolgt mit dem Bus oder Pkw ab Bludenz bis zur Bushaltestelle Traube in Braz.

Von den beiden Volksschulen Inner- und Außerbraz wurde ein gemeinsames Projekt für diesen Lehrwanderweg erstellt und 1994 eröffnet. Dadurch konnte ein interessantes, teils naturgeschütztes Wandergebiet für alle Altersgruppen am Eingang des Klostertales erschlossen werden. Diese Wanderung verläuft außer dem Abstecher zum 80 Meter hohen Masonwasserfall (ca. 1 Stunde Gehzeit hin und zurück) entlang des mit 40 Informationstafeln versehenen Lehrwanderweges.

 Masonwasserfall

Von der Bushaltestelle geht man zunächst 100 Meter taleinwärts bis zur Mühlebachbrücke, dort links weiter über den Bach, unter der Bahnlinie durch, geradeaus leicht ansteigend zu den einzelnen Bauernhöfen nach Lötsch.

Am Rosengarten vorbei, den Mühlebach querend, erreicht man die Bergwiesen auf den Böden mit herrlichem Ausblick ins Tal. Am Ende des Fahrweges geht es über den Masonbach auf einem Fußweg an die Abzweigung Wasserfall.

Da der Weg in Serpentinen angelegt und gut ausgebaut ist, lohnt es sich, dieses faszinierende Naturschauspiel aus der Nähe anzusehen.

Der Abstieg erfolgt auf derselben Route bis zum Fahrweg, dort links abwärts und an dem nächsten Wegweiser rechts beim Gatter hinunter. Vor dem Masonbach links über die Wiese zur Bahnunterführung, von dort zum Gemeindeamt und der Bushaltestelle Braz Schule.

Einkehrmöglichkeiten:
in Inner- und Außerbraz.

70. Höhenwanderung an den Südhängen unterm Roggelskopf von Dalaas nach Braz

Zunächst geht man von der Bushaltestelle Dalaas Kristbergsaal über die Brücke hinauf zum Bahnhof. Einem Fußweg folgend, links am Bahnhofsgebäude vorbei, über die Gleisanlagen zur nächsten Abzweigung.

Beim Gatter, halblinks ins Hölltobel, dort weiter ansteigend auf dem Forstweg nach Obermason. Entlang der Fahrstraße (Fahrverbot) wandert man eben durch herrliche Bergwiesen hinein bis Hintergant, dann links über das Schmiedetobel und von dort zum Maisäß Römerkeller.

Unmittelbar nach der Abzweigung Freiburger Hütte führt unser Weg über eine Wiese rechts bergwärts durch schattigen Bergwald hinauf zu den zwei Hütten Muther Maisäß (nicht bewirtschaftet). Nun geht man rechtsseitig der Hütte am Waldrand nochmals ansteigend bis zu einem Stein mit Pfeil nach rechts und erreicht bald den höchsten Punkt dieser Wanderung.

 Muther Maisäß.

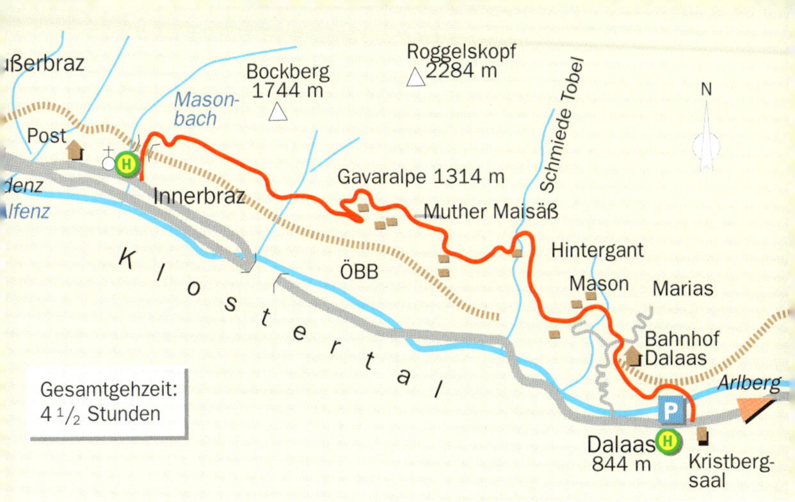

Ein Fußweg führt links hinüber zum Alpweg, diesem folgt man talauswärts und geht vor den zwei Brunnentrögen oberhalb der Jagdhütte links zur Gavaralphütte. Bisherige Gehzeit: 2 1/2 Stunden .

Nach einer ausgiebigen Rast und dem schönen Rundblick geht es auf dem Forstweg abwärts bis Rütenen, wo unser Weg auf den Lehrwanderweg Braz trifft. Beim Gatter gehen wir links hinunter, vor dem Masonbach links über die Wiese zur Bahnunterführung dort weiter abwärts zum Gemeindeamt und Bushaltestelle Braz Schule.

Parkplatz Gegenüber dem Kristbergsaal in Dalaas. Rückfahrmöglichkeiten mit dem Bus nach Dalaas ab Braz Schule.

Einkehrmöglichkeiten:
In Dalaas und Braz. Da während der Sommermonate das Vieh auf der Hochalpe ist, besteht auf der gesamten Route keine Einkehrmöglichkeit.

71. Familienwanderung im Sonnenkopfgebiet

Die Talstation der Sonnenkopfbahn kann von Bludenz aus durchs Klostertal mit Pkw über die S 16, oder per Bus auf der B 316 erreicht werden. Gehzeit von den zwei Bushaltestellen in Wald am Arlberg zur Talstation ca. zehn Minuten. Mit der Sonnenkopfbahn gelangt man in kurzer Zeit auf den 1814 Meter hoch gelegenen Sattelkopf. Von der Bergstation gehen wir südwestlich über den Riedboden in Richtung Mutjöchle. Der leicht ansteigende Weg führt am Riedsee vorbei und quert anschließend den Riedkopflift. Das letzte Wegstück verläuft in einer Mulde, etwas steiler werdend, hinauf zum Mutjöchle, dem höchsten Punkt unserer Wanderung. Die Fernsicht hier oben ist hervorragend. Gehzeit ist ca. 1 1/2 Stunden.

Der Abstieg erfolgt auf dem Weg zum Bergrestaurant (bisherige Gesamtgehzeit ca. 3 Stunden). Um zum Ausgangspunkt im Tal zu gelangen, gibt es zwei Möglichkeiten:

 Riedseele, im Hintergrund das Lechquellengebirge.

- mit der Seilbahn
- vom Bergrestaurant westlich der Skipiste entlang hinunter zur Büntalpe.

Auf diesem Wegstück bieten sich herrliche Ausblicke, im Osten der Burtschakopf und auf der anderen Talseite kann man nordwestlich im Hintergrund die Rote Wand erkennen. Bald ist die Mittelstation erreicht und von dort geht es auf einem Forstweg durch den Schattenwald abwärts zur Talstation. Gehzeit 2 Stunden.

Einkehrmöglichkeiten:
Bergrestaurant, Wald am Arlberg.

72. Rauz – Albonaalpe – Langen a. A.

Die Anfahrt zu dieser Wanderung führt mit Bahn, Bus oder Pkw nach Langen am Arlberg. Wenn Sie mit dem eigenen Pkw anfahren, das Auto im Bereich Langen abstellen und mit dem Bus zur Alpe Rauz weiterfahren, bzw. das Fahrzeug bereits in Bludenz abstellen und die Busverbindung nach Alpe Rauz bereits ab Bludenz benützen.

Von der Bushaltestelle Alpe Rauz geht man zirka 100 Meter paßaufwärts, verläßt dann die Arlbergstraße nach rechts, überquert hinter dem Schranken den Bach und erreicht auf einem Fahrweg bequem nach einer Stunde Gehzeit den Lüftungsschacht des Arlbergtunnels. Der Weiterweg führt talauswärts, unter dem Sessellift vorbei und vereinigt sich bald mit dem von Rauz kommenden Fußweg. Von der Kaltenberg-Hütte kann man natürlich über den Stubner See nach Stuben absteigen.

 Stuben.

Ein Bergweg verläuft über Weideböden, vorbei an einem Wegweiser, links bergwärts, der uns die höchste Erhebung dieser Wanderung – die Kaltenberg-Hütte – zeigt.

Auf dem letzten Wegstück bieten sich herrliche Ausblicke hinüber zum Spullersee, zur Flexenstraße, hinunter nach Stuben und ins Klostertal. Außerdem möchte ich auf den in diesem Gebiet in großer Zahl vorkommenden Purpurblütigen Enzian hinweisen.

Der Abstieg von der Hütte folgt geradeaus hinunter Richtung Langen, zur oberen Bludenzer Alpe (Albonaalpe). Von dort weiter in Kehren abwärts, über die Brücke linksseitig dem Albonabach entlang erreicht man die untere Bludenzer Alpe.

Unter der Alphütte führt der Güterweg rechts über den Bach und nach zirka 100 Meter benützen wir den alten, links abzweigenden Wanderweg. Weiter unten vereinigt sich der Wanderweg wieder mit dem Güterweg, auf dem wir dann talwärts über eine Brücke zum Bahnhof Langen kommen.

Einkehrmöglichkeiten:
Kaltenberg-Hütte – offen bis Ende der ersten Oktoberwoche (ohne Gewähr), Obere Bludenzer Alpe (Albonaalpe) – während der Alpzeit und in Langen am Arlberg.

73. Wanderung über Zürs – Monzabonalpe – Rüfikopf-Bergstation – Lech

Vom Parkplatz am Ortseingang bzw. Bushaltestelle Postamt Zürs wandert man hinüber zur Kirche und geht auf dem leicht ansteigenden Güterweg bergwärts. Nach einer halben Stunde Gehzeit zweigen wir links ab und gehen auf dem Monzabonweg kurz hinunter, vorbei an der Talstation Trittalpbahn und nach der kleinen Brücke nordwestlich über Bergwiesen hinauf zur Monzabonalphütte.

Die Rundsicht hier oben ist hervorragend: Im Nordosten die Rüfispitze, im Norden der Rüfikopf, im Südwesten die Hasenfluh, weiter im Süden kann man den Kaltenberg erkennen, im Südosten die Valluga und im Nordwesten die Mohnenfluh. Von der Alphütte führt der Weg oberhalb der Talstation des Monzabonliftes vorbei, vor dem Graben rechts hinauf zur Wegtafel, dort links zum Monzabonsee. Nach dem See nur noch kurz etwas steiler über die Skipiste, oder bequemer dem markierten Weg folgend zur Bergstation Rüfikopf. Mit der Rüfikopfbahn hinunter nach Lech und mit dem Bus zu unserem Ausgangspunkt zurück nach Zürs.

Variante: Von der Monzabonalpe kann man über einen teils steilen Weg in einer Stunde nach Zürs absteigen.

 Lech.

Einkehrmöglichkeiten:
Monzabonalpe (während der Alpzeit), Rüfikopf-Bergrestaurant, Lech und Zürs.

Monzabonalpe.

74. Höhenwanderung vom Spullersee über Zug nach Lech

Die Anfahrt erfolgt mit dem Bus oder Pkw nach Lech. Parken während der Sommermonate gratis in der Tiefgarage Anger. Der Wanderbus bringt uns von der Bushaltestelle Postamt in die herrliche Bergwelt am Spullersee.

 Spuller Schafberg, im Vordergrund der Spullersee.

Zunächst geht man auf einem Güterweg rechtsseitig eben dem Ufer entlang zur südlichen Staumauer mit Blick ins Klostertal, im Norden vor uns der mächtige Spuller Schafberg. Am Ende des Stausees kann die Ravensburger Hütte entweder auf einem Fußweg, oder bequemer über den Fahrweg nach einer Stunde Gehzeit erreicht werden.

Von der Ravensburger Hütte geht es mäßig steigend hinüber zum Stierlochjoch, dem höchsten Punkt unserer Wanderung. Der überwältigende Rundblick hier oben lädt zu einer kurzen Rast ein. Im Osten der schönste Kletterberg im Lechquellengebirge, die Roggalspitze (2673 m), links die Madlochspitze, dahinter die Wildgrubenspitze, im Norden das Zuger Hochlicht und die Mohnenfluh.

Beim Abstieg wandern wir am linken Talhang durch das Stierloch abwärts, bei der folgenden Abzweigung auf dem Fußweg geradeaus weiter an einer Jagdhütte vorbei durch den Wald hinunter nach Zug. Vor der Lift-Talstation rechts dem Bach entlang talaus bis in die Ortsmitte von Lech.

Einkehrmöglichkeiten:
auf der Ravensburger Hütte, in Zug und Lech.

75. Rund um das Karhorn am Hochtannberg

Mit dem Bus durch den Bregenzerwald oder von Bludenz über Lech beginnen wir diese schöne Wanderung in Warth an der Steffisalpbahn-Talstation. Die Sesselbahn bringt uns rasch auf eine Höhe von 1884 Meter.

Ein Tiefblick nach Warth, im Hintergrund der mächtige Biberkopf und die Allgäuer Alpen, vermittelt die ersten Eindrücke dieser Gegend.

Unter der Bergstation geht man leicht ansteigend südöstlich am Warther Horn vorbei auf den Wannenkopfsattel, bei der Wegtafel rechts abwärts über Alpweiden, bis die alte Walsersiedlung Bürstegg in einer Stunde Gehzeit erreicht wird. Bürstegg war eine der ersten Walser Dauersiedlungen am Tannberg.

Den Fahrweg von Bürstegg in Richtung Lech verläßt man bereits wieder nach fünf Minuten und geht rechts hinauf über die Karalpe (Karbühel) zum Auenfeldsattel.

 Karhorn.

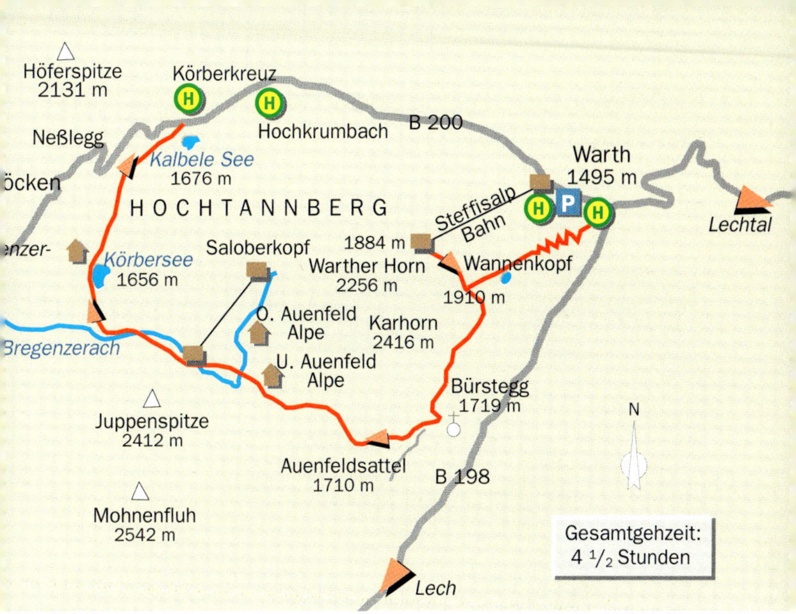

Jetzt wandern wir gemütlich einem Alpweg entlang talauswärts Richtung Schröcken, vorbei an der Unteren Auenfeldalpe und Auenfeldbahn-Talstation, bis ein Fußweg bei der Tafel Körbersee rechts abzweigt. Bald ist man am Körbersee angelangt, es geht östlich vom Hotel kurz ansteigend auf eine Anhöhe mit großartigem Rundblick. Im Norden der Widderstein, im Süden die Juppenspitze und Mohnenfluh, im Südwesten die Braunarlspitze und im Westen die Hochkünzelspitze. Der Weg führt weiter leicht fallend hinüber zum Kalbelesee und Körberkreuz.

Bushaltestelle nach Schröcken und Warth, ein weiterer Bushalt ist zehn Minuten vom Körberkreuz östlich in Hochkrumbach.

Einkehrmöglichkeiten:
Hochkrumbach Körbersee-Hotel, Auenfeldalpe und Bürstegg nur während der Alpzeit und in Warth.

76. Rundwanderung südlich des Widdersteins am Hochtannberg

Hochkrumbach am Hochtannbergpaß ist mit dem Bus vom Bregenzerwald und von Bludenz über Lech–Warth erreichbar.

 Widderstein.

Gegenüber der Bushaltestelle „Gasthof Adler" geht man links vom Bach auf einem gut sichtbaren Wiesenweg bergwärts und etwas weiter oben an einem Zaun entlang bis zur Abzweigung (Wegtafel). Nun gehen wir rechtsseitig vom Höferkamm eben in Richtung Oberalppaß. Dort geht man hinauf zu der schön gelegenen Bärgunthochalpe.

Von der Hirtenhütte führt der Weg weiter nach Osten über den Grat an der mächtigen Südwand des Widdersteins vorbei und schließlich gelangt man zur Widdersteinhütte.

Der Abstieg von der Hütte führt nach rechts unter der Materialseilbahn vorbei, danach südlich hinunter und weiter bis zum Ausgangspunkt.

Einkehrmöglichkeiten:
Widdersteinhütte, Hochkrumbach.

77. Wanderung auf den Schönberg im Fürstentum Liechtenstein

Malbun als Ausgangspunkt liegt auf einer Seehöhe von 1600 Meter. Vom Parkplatz bergwärts, vor der Kapelle links dem Wanderweg Sass folgend, am Sass-Seelein vorbei erreichen wir das Sass-Fürkle, 1785 Meter. Dort verläßt man den Alpweg (Tafel Schönberg) geht nach Westen über die Grashänge hinüber zum Kirchle, einer auffallenden Felsnadel mit Gipfelkreuz. Am Osthang des Stachlerkopfes führt ein markierter Steig durch Rinnen und Felsen hinauf zu den Drei Kapuzinern. Für dieses Wegstück ist Trittsicherheit erforderlich!

Der Rest des Weges verläuft über Weiden zum Gipfel des Schönberg. Weniger Geübte mit Kindern gehen den nicht markierten Weg von der Abzweigung unterm Kirchle durch die Mulde über Alpweiden zum oberen Brunnentrog, dann rechts hinüber und hinter dem Latschenhang links zum Gipfel.

 Links Stachlerkopf – Drei Kapuziner, rechts Schönberg.

Herrliche Rundsicht
Hier oben bietet sich eine herrliche Rundsicht. Im Norden die Drei Schwestern und Galinakopf, im Osten Scheien und Ochsenkopf, im Süden der Augstenberg und Naafkopf. Sämtliche Gipfel sind Grenzberge zwischen Vorarlberg und Liechtenstein. Im Westen die Schweizer Berge und das Rheintal.

Der Abstieg erfolgt weglos, zuerst südöstlich über Alpweiden und den teils bewachsenen Latschenhang nach rechts hinüber in die Mulde, vorbei an den zwei großen Brunnentrögen östlich hinunter zur Alpe Guschg, 1713 m. Auf dem Alpweg über das Sass-Fürkle kann bei der Sassalp links der Aufstiegsweg oder rechts der Alpweg nach Malbun benutzt werden. Verpflegung und Getränke mitnehmen, da nur in Malbun Einkehrmöglichkeit besteht.

Das gesamte Wandergebiet in Liechtenstein ist unter Naturschutz. Busverbindung ab Feldkirch über Vaduz.

79. Malbun – Sass-Fürkle – Valorschtal – Steg

Anfahrt mit dem Bus ab Feldkirch über Vaduz FL (umsteigen) – Triesenberg – Malbun. Parkmöglichkeit für Pkw bei den Bushaltestellen Steg und Malbun.

Vom Parkplatz in Malbun führt unsere Wanderung östlich bergwärts, vor der Kapelle links, dem Sassweg folgend, am Sass-Seelein vorbei zum Sass-Fürkle. Während diesem kurzen Anstieg gibt es herrliche Ausblicke hinüber zur Alvier-Gruppe und den Glarner Alpen.

Auf dem Alpweg wandert man hinunter bis zum Gatter, dort links an die Abzweigung mit Wegweiser. Hier bietet sich ein Tiefblick in das vor uns liegende Valorschtal, rechts der Galinakopf, im Hintergrund die Drei Schwestern, Garsellispitz und Kuhgrat. Der weitere Abstieg erfolgt über einen Fußweg rechts talwärts zur Alpe Güschgle, dann dem Valorschbach entlang östlich am Schönberg vorbei nach Hintervalorsch. Weiter gelangt man auf dem selben Weg ins Mittelvalorsch und geht über dem Saminatal hinaus nach Steg zur Bushaltestelle.

Einkehrmöglichkeiten:
Nur in Steg oder Malbun, daher Verpflegung mitnehmen.

 Blick von Großsteg zum Naafkopf im Hintergrund.

Valorschtal.

80. Feldkirch-Tosters – Auf der Egg – Obere Burg Schellenberg (FL) – Tosters

Ausgangspunkt ist die Bushaltestelle Tosters Kirche. Diese Wanderung führt entlang der Egelseestraße Richtung Hub, nach 100 m zweigen wir rechts auf den Lehenweg ab, am Burghain links ansteigend durch den Tostner Wald nach St. Corneli.

Dort biegt man links ab, geht hangseitig über einen Waldpfad bergwärts und erreicht in 3/4 Stunden Gehzeit die Parzelle auf der Egg.

Nach den Häusern zweigt unser Weg links ab, an der großen Antenne vorbei durch den Wald zum ersten Aussichtspunkt mit Blick nach Tosters und Tisis, im Hintergrund die Drei Schwestern. Auf Liechtensteiner Gebiet wurden entlang dem Gantenstein sehr interessante kulturgeschichtliche Tafeln angebracht. Auf einem Forstweg geht es in südwestlicher Richtung weiter, hinter dem ersten Haus über den Schloßweg ansteigend zur Ruine Neuschellenberg (Obere Burg).

Der Rückweg führt zunächst auf dem hinteren Schloßweg hinunter zur Bushaltestelle Egertastraße, dort rechts nach Mittelschellenberg am Kloster vorbei, oder gleich beim ersten Haus rechts eben hinüber zum Sportplatz, wo die zwei Straßen zusammentreffen.

 St. Corneli links, Burgruine Tosters rechts.

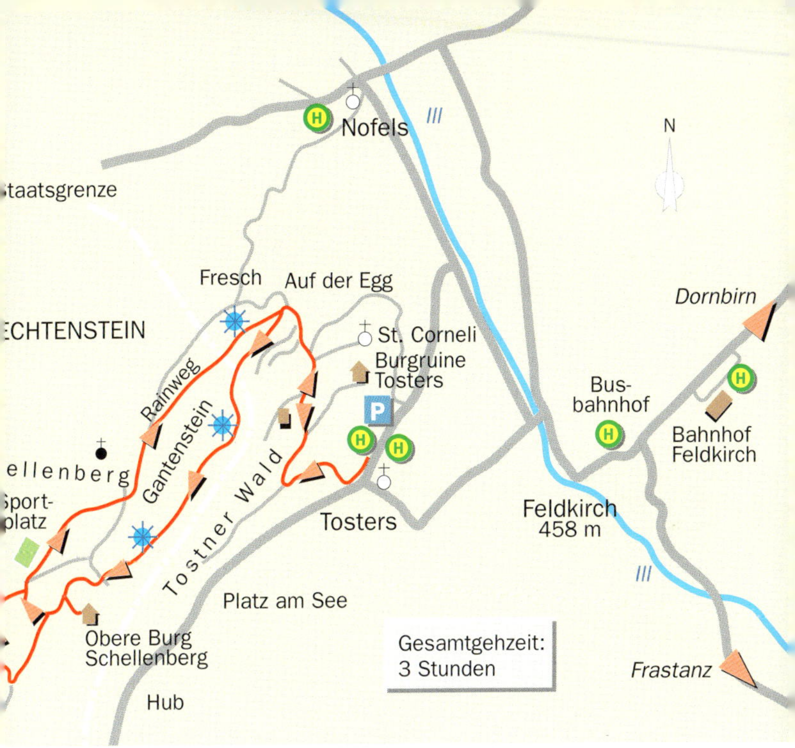

St. Corneli.

Vom Sportplatz, der etwas abseits der Fahrstraße liegt, wandert man kurz abwärts und geht dann rechts dem Rainweg entlang bis Auf der Egg.

Der weitere Abstieg erfolgt über die Aufstiegsroute nach St. Corneli zur Bushaltestelle Tosters Kirche.

Reisepaß oder Ausweis mitnehmen!

Einkehrmöglichkeiten:
in Schellenberg,
Auf der Egg, St. Corneli
und Tosters.

Bitte schreiben Sie uns, wenn sich etwas geändert hat!

Alle in diesem Buch enthaltenen Angaben wurden vom Autor nach bestem Wissen erstellt und von ihm und dem Verlag mit größtmöglicher Sorgfalt überprüft. Gleichwohl sind – wie wir im Sinne des Produkthaftungsgesetzes betonen müssen – inhaltliche Fehler nicht vollständig auszuschließen. Daher erfolgen die Angaben ohne jegliche Verpflichtung oder Garantie des Verlags oder des Autors. Beide übernehmen keinerlei Verantwortung und Haftung für etwaige inhaltliche Unstimmigkeiten. Wir bitten dafür um Verständnis und werden Korrekturhinweise gerne aufgreifen.

Vorarlberger Nachrichten und Eugen-Ruß-Verlag, Gutenbergstraße 1, A-6858 Schwarzach